石语刺桐城

——古泉州碑刻史话

徐华　范子豪　编著

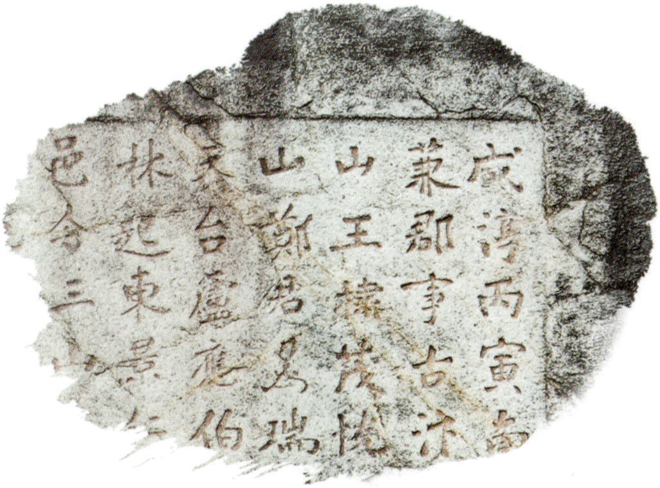

海峡出版发行集团 | 福建人民出版社
THE STRAITS PUBLISHING & DISTRIBUTING GROUP | FUJIAN PEOPLE'S PUBLISHING HOUSE

图书在版编目（CIP）数据

石语刺桐城：古泉州碑刻史话 / 徐华，范子豪编著 . -- 福州：福建人民出版社，2024.5

ISBN 978-7-211-09274-1

Ⅰ . ①石… Ⅱ . ①徐… ②范… Ⅲ . ①碑刻—汇编—泉州—古代 ②泉州—地方史—古代 Ⅳ . ① K877.42 ② K295.73

中国国家版本馆 CIP 数据核字（2024）第 014637 号

石语刺桐城——古泉州碑刻史话
SHIYU CITONGCHENG——GUQUANZHOU BEIKE SHIHUA

编　　著：徐　华　范子豪
责任编辑：郑翠云
责任校对：陈　璟
出版发行：福建人民出版社　　**电　　话**：0591-87533169（发行部）
地　　址：福州市东水路 76 号　　**邮　　编**：350001
网　　址：http://www.fjpph.com　　**电子邮箱**：fjpph7211@126.com
经　　销：福建新华发行（集团）有限责任公司
印　　刷：福州印团网印刷有限公司
地　　址：福州市仓山区建新镇十字亭路 4 号
开　　本：700 毫米 × 1000 毫米　1/16
印　　张：10.75
插　　页：4
字　　数：143 千字
版　　次：2024 年 5 月第 1 版
印　　次：2024 年 5 月第 1 次印刷
书　　号：ISBN 978-7-211-09274-1
定　　价：58.00 元

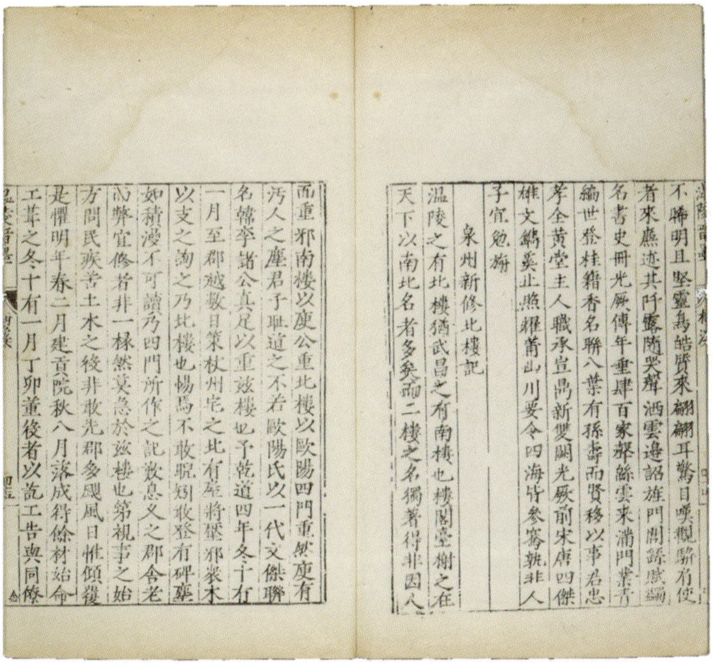
不睎明且堅靈鳥皓質來翩翩耳鶩日㬈觀騎有使
者來燕迹共佇鑾隨哭聲洒雲邊詔旌門馴啄獻編
名書史冊光輝傳年重肆百家郡餘雲來滿門業青
編世登桂籍香名聯八葉有孫壽而賢移以事君忠
孝全黄堂主人職承宣爲新葺闕光輝前宋唐四傑
雄文鵲奚止照耀箐山川要令四海皆參寥孰非人
子宜勉旃

泉州新修北樓記

温陵之有北樓猶武昌之有南樓也樓閣臺榭之在
天下以南北名者多矣而二樓之名獨著得非因人
而重耶南樓以庾公重北樓以歐陽四門重然庾有
汚人之塵君子恥道之不若歐陽氏以一代文傑聯
名韓李諸公真足以重兹樓也予乾道四年冬十有
一月至郡越敬日策杖州宅之北有屋將壓邪裊木
以支之詢之乃北樓也惕焉不敢睨姑妝登有碑麼
如積漫不可讀乃四門所作之記歎息久之郡舍老
而弊宜修者非一椽然莫急於兹樓也第視事之始
方問民疾苦土木之役非敢先郡多颶風日惟傾覆
是懼明年春二月建亥既秋八月落成得餘材始命
工華之冬十有一月丁卯董役者以訖工告與同僚

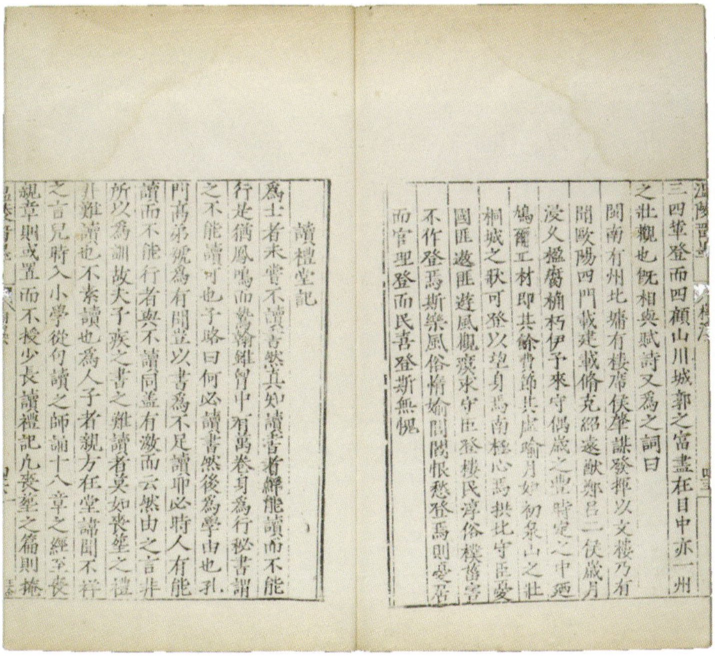
三四華登而四顧山川城郭之富盡在目中亦一州
之壯觀也既相與賦詩又爲之詞曰
閩南有州北墉有樓唐侯年謀發揮以文樓乃有
聞歐陽四門載建載脩克紹遺猷鄭吕二侯歲月
浸久蠹腐楠朽伊予來守偶歲之豐暇是之中廼
鳩厲工材即其餘費飾其虞蹄月如初泉山之壯
桐城之秋可登以望身焉南極心焉拱北守臣憂
國匪遨匪遊風觀寢求守臣登樓民亦俗樓萬室
不作登焉斯樂風俗惰婾閭閻恨愁登焉則憂吾
而官理登而民喜登斯無愧

讀禮堂記

爲士者未嘗不讀書然真知讀書者鮮能讀而不能
行是猶鳳鳴而鷙翰雖胷中有萬卷其爲行秘書謂
之不能讀可也子路曰何必讀書然後爲學由也孔
門高弟猶爲有問豈以書爲不足讀耶必將人有能
讀而不能行者與不讀同蓋有激而云然由之言非
非難讀也不索讀也爲人子者親方在堂諱聞不祥
之言兒時入小學從句讀之師誦十八章之經至喪
親章則或置而不授少長讀禮記凡喪塟之篇則掩

王十朋《泉州新修北楼记》书影

《泉州重建州学记》拓片（成冬冬摄）

《铁炉庙记》（成冬冬摄）

九日山赵希㤎等祈风石刻（成冬冬摄）

重修姜相墓石刻（魏立新摄）

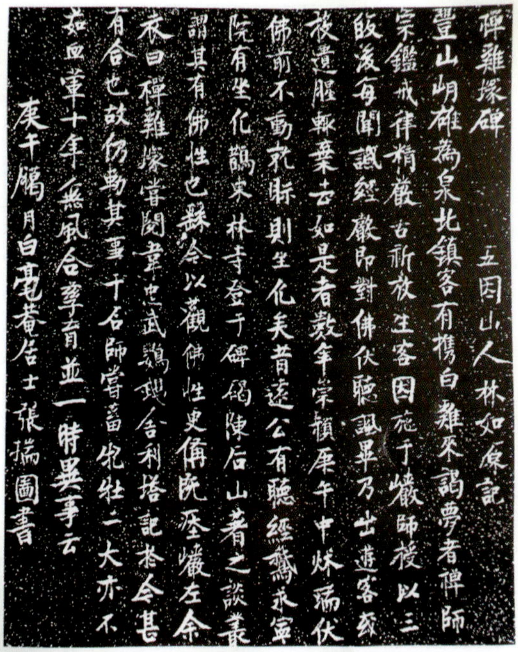

《禅鸡冢碑》拓片（徐华摄）

《万安桥记》碑（范子豪摄）

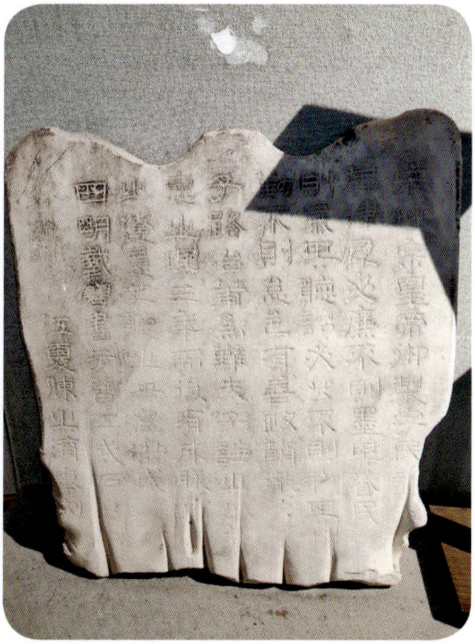
宋理宗字民训（泉州市博物馆藏）

清净寺永乐《敕谕》碑（范子豪摄）

清源郡先太夫人墓志
（泉州市海外交通史博物馆藏）

翻刻《武肃王神道碑》（范子豪摄）

前 言

地处东南沿海的福建泉州，当代的形象是一座商业气息浓厚、历史文化底蕴丰厚的城市。追溯历史，则可以看到，古刺桐城向海而生、沟通内陆与海洋、联通海道南北的独特地位，以及由此而形成的特殊海洋文化性格和传统。

如今，静静躺在博物馆里的古船，还载着宋元的货物；直指天空的六胜塔、万寿塔还指示着当年航海的方向；江口、石湖这些古码头，还有渔人往来；昭惠庙、天后宫、开元寺、承天寺、玄妙观、清净寺、草庵等大大小小古旧的或重建的寺庙、宫观、祠堂，仍回荡着多少祈愿与虔诚；洛阳桥、安平桥、顺济桥这些千年前的巨大跨海工程，也已在风平浪息中成为过往的回忆。不仅这些，散落满山的摩崖石刻，博物馆、古村落、古街、古镇中的各种石刻遗存，都仿佛述说着昔日的风华。

研究者们或将泉州和埃及亚历山大港媲美，将其作为宋元时代世界性海洋贸易网络的中心之一；或将泉州与耶路撒冷相较，以言其所树立的宗教文化多元共处的文化样本；或者从一个更宏观的视角，以宋元泉州为中华海洋文明的代表。总之力求将泉州放在更为广阔的文明史维度中加以考量。然而正如泉州本地老一辈学者王连茂先生所提出的质疑："我们虽然认为在长达九个世纪之久的'夷夏杂处'，

‘四海舶商，诸番琛供，皆于是乎集’，必然会带来不同文明之间的频繁接触、对话、交融甚至碰撞，但这种嘈杂而有趣的历史场景却已经模糊不清，至于因此而形成的泉州文化的多元性，其组合成分就更是踪迹难觅了。”[1]困境在于基础史料虽有一定的汇集，但尚未形成集大成式的汇集，因而影响了人们对其整体历史原貌全面立体的了解。

有鉴于此，我们将大泉州范围内的石刻文献进行了摸家底式的梳理，包括晋唐以来直到明清所遗存的石刻文献，按照编年的形式编写《古泉州石刻文献叙录》，并计划编撰《古泉州石刻文献集成》（七卷图文本），这一选题也获得了2021年度教育部哲学社会科学研究重大课题攻关项目的立项支持（项目批准号：21JZD045），目前正在逐步开展过程中。

我们在此基础上，考虑在做学术研究的同时，能否也产出相应深入浅出的科普成果，使更多人通过石刻及石刻的故事，了解中国海洋文明的交融、演变乃至活生生的历史原态，深化对于海丝核心城市泉州的历史认识，因而撰写本书。范子豪承担部分初稿写作及修订，徐华负责全部书稿修撰。

全书以古泉州各地实存的碑刻遗迹和方志文献遗存中的碑刻文献文本为研究对象，试图从相对整体的角度观照古泉州，全文共分作九编，每编精选内容相关联的碑刻，通过原文过录、古文今译以及石刻史话三个部分，撷取古泉州石刻的亮点，挖掘其背后的历史文化内涵，形成通俗易懂的故事，让每一通碑刻以一种立体的姿态，真正地成为历史文化的代言者。

如果说一座城市就像一本书，那泉州就是一本活色生香、古色古香、值得反复研读的经典古籍。古籍经典非用心体会难以领略其深意，泉州这本“古籍”，则非亲至不能体验其历史的鲜活。当你的手

1　王连茂：《“泉州学”与海交史研究刍议》，《海交史研究》1999年第2期。

指触摸到苍壁苔藓背后的石刻，发现竟是“持酒移肴别一欢，猜拳石上杂流喧。午风吹到汗躯爽，却恨暮鸦催客还”（晋水张启元题）的诗，仿佛古人一场诗酒猜拳的场景就在眼前，于是刹那间折叠了五百年的岁月时空；当你行走在洛阳桥的石板上，感受已经变得温和的海风，看到用来养殖的滩涂，遥想当年巨浪滔天的洛阳江入海口，南北路断，望洋兴叹，一桥飞架，过海如坦途，人如仙境游，于是刹那间折叠了一千年的岁月时空；走进九日山，脚下据说就是南朝时代来到这里的天竺僧人拘罗那陀的翻经石遗迹，眼前就是五代陈洪进修造的古佛，还有陈列馆中摆放的大鼻子僧人砖雕，于是刹那间折叠了一千五百年的岁月时空。还有欧阳詹那光环下的矛盾与忧伤、王审邽的顾全大局、王十朋的家国深情、朱熹的励志铭箴、清源夫人的家族情怀，等等，在已经消逝的石刻或者还尚存的石刻背后，都附有一段段活生生的历史和个体生命，甚至整个族群的、时代的生命，这些散落的时代碎片，晶莹剔透，将他们拾起黏合，便在我们眼前呈现了一幅绘声绘色的历史画卷。

徐华于华侨大学

2022年2月20日

目 录

第一编 作东南巨镇，起海国文明 / 1

泉州北楼记 唐·欧阳詹 / 1

泉州新修北楼记 宋·王十朋 / 6

重修谯楼记 元·吴鉴 / 12

第二编 架桥天地老，留笔鬼神惊 / 17

万安桥记 宋·蔡襄 / 17

安平桥记 宋·赵令衿 / 21

修理南、涂二关外水利碑 清·方鼎 / 28

第三编 此地古佛国，满街是圣人 / 32

泉州开元寺佛殿碑记 唐·黄滔 / 32

重修清源郡武荣州九日山寺碑并铭 宋·曾会 / 40

禅鸡冢碑 明·林如源 / 50

第四编 惟兹望郡，首建学宫 / 54

泉州重建州学记 宋·张读 / 54

泉州路学大晟乐记 元·杨应子 / 63

泉州府儒学修造记 明·王慎中 / 69

第五编 朱子过化，海滨邹鲁 / 76

同安县学《讲座铭》及《四斋铭》 宋·朱熹 / 76

移建朱文公祠记 明·陈仲述 / 81

铁炉庙记　明·杨曜宗 / 86

第六编　潮起万国商，市井十洲人 / 92

九日山南宋倪思等祈风石刻 / 92

九日山南宋赵希怿等祈风石刻 / 96

重立清净寺碑　元·吴鉴 / 99

第七编　直道终不废，高风宜见思 / 108

宋中令韩公忠献魏王祠堂记　宋·梁克家 / 108

重修姜相墓摩崖石刻　宋·黄汝嘉 / 113

蔡忠惠公祠重建记　明·柯潜 / 117

第八编　家声世泽，仁骨道心 / 124

唐故颍川陈夫人墓志　唐·许元简 / 124

武肃王神道碑铭并序　唐·徐寅 / 129

清源郡先太夫人墓志　宋·傅自得 / 136

蔡真人诰碑　宋·真德秀 / 147

第九编　戒石为敕，庭训不违 / 153

两宋御制戒石铭与字民训 / 153

明永乐敕谕碑 / 157

故前村居士卢公墓志铭并序　元·吴鉴 / 160

第一编　作东南巨镇，起海国文明

泉州北楼记

唐·欧阳詹

碑　文

泉州北楼记

《释名》曰："楼，畯也。"谓其高明觌远，畯畯然也。建于第宅，则以阅园林有媚；树于雉堞，则以警寇盗不虞。故墨子曰："城三十步一坐候楼，百步一立候楼。"兹楼者，盖此郡北墉之立候楼也。

卜筑之始，微而具之。袤不倍常，广惟再寻。制造日远，土木力殆。左骞右陊，上露下圮，有年数矣。邦牧安定席公贞元七年下车，至九年，目之三祀，重民力而未形言。是年暮秋岁丰，农隙，有司率常典告有事于土功。公曰："斯郡之南极也，元后帝乡，实在于北。《诗》不云乎：'心乎爱矣，遐不谓矣。'欲因恋主，向方瞻瞩。惟北有楼，半倾半摧，日夜阙登陴击柝之所，风雨忧折榱复隍之患。政因时令，尔其营之，俾有布席跪立之地，间更人防卒之莅事，予将时跻，展北面拱辰之心焉。"受命者感公之意，如公之意；野人群庶感公之诚，如公之诚。川朝子来，筑崩易蠹。址有余而不剗，基坯自延；材有长而不剪，栋宇自崇。

既望庀徒，未晦成功。倚层霄于轩槛，纳千里乎窗牖。如鳞之廨署，若岸之军壁。得之之状，若连山之有重峦，长江之蹙洪涛，气势由是以雄焉。公每孑牟情来，庄舄思生，俯仰于斯，徘徊于斯。夫完城壮邑，有邦之本也；恋阙爱君，为臣之节也。善矣乎！公广兹楼也。远得有邦之本，大有为臣之节。执邦之本曰公，谨臣之节曰忠。惟公与忠，公斯昭矣。

小子家在委巷，多闻舆颂。艺忝儒术，每侍公居，上志下衷，两获而达，敬书其事，为之记以献。至若眺四维之云物，临万井之烟景，遐象佳致，眸莫胜观。非公有楼之素，故不之载。

贞元九年秋九月三十日记。

（碑文辑自明何炯《清源文献》卷十二中。原碑今不存，现碑为今人所立）

译文

泉州北楼记

《释名》说：“楼，瞜也。”意思是说居高处目能望远，站在楼上能够远眺四方。将楼建在宅邸中，可以凭之欣赏园林的妩媚；建立在城墙之上，可以用来戒备寇敌、盗贼不时的侵袭。所以墨子说：“每三十步建一座坐候楼，一百步需要一座立候楼。”这里所说的楼，就是指泉郡北城墙立候楼了。

在最早谋划建造这楼时，其规模虽小但很完备，宽约三丈，长一丈多。由于建造年代久远，城楼已难以支撑下去了——这楼左摇右晃、上破下漏的样子已经有好几年了。籍贯安定郡的泉州刺史席相大人，于贞元七年（791年）到任，到贞元九年时他已经三次临楼祭祀，只因他爱惜民力所以迟迟未提出要做什么修缮。这年秋天大丰收，农闲时就有下属遵循典制，来请示岁末土工之事。席公说：“泉州府地处我朝的最南方，皇都遥遥在北。《诗经》里不是说了吗——‘心中深爱君子，何不坦言相告？’如果思念遥远的君王，就可以向他所在的方位眺望致意。泉州府北边这座城楼，一半倾倒一半破损。日夜登楼戍守的士卒没有栖身之所，风雨来了还要忧心城楼倒塌陷入濠梁。政令发布要遵照时节，现在你们可以开始动工了。新楼要有铺席跪立之地，方便守城鸣更的人轮值警戒。竣工后我将时时登楼向北跪拜，以示我们对朝廷的一片忠心。”领命修造的官吏深受感动，便按照他的意思执行；郡内郡外的老百姓被席公赤诚之心所感动，川流不息地涌来。他们修补崩塌的墙壁，更换被蠹虫腐蚀的木材。原有的地基不铲平，而是将其向外延伸。木材长短异用，也不随意裁切，一切都显得那么自然崇壮。

这楼十六日动工修建，月底便竣工。此时登楼凭栏，可遥望凌霄如海、变幻无穷的云层纹理；居楼内则可以将千里风光尽收眼底。官家府署密如鱼鳞，就像伟壮的军营垒壁。凭楼远眺，像青山翻浪、山峦叠起，绵长的江流催迫浩大惊涛，气势因之雄伟壮阔了！席公每每来此感物骋怀，便触景生情，像子牟恋故阙，庄舄思故乡一般，俯瞰万物，仰望天空，徘徊流连。坚固的城墙和强盛的郡邑，是国家稳固的根本；眷恋都阙、忠爱君王，是臣子应有的节操。这样真是好啊！席公扩大修筑北楼，从长远看符合立国之本，又称得上坚守臣子的节操。把握着立国之本的行为称为“公”，谨守着臣子的节行叫作“忠”，“公”与“忠”二字，席公落实最为卓著。

我家地处偏僻陋巷，却也常听众人褒扬席公的政绩。我有愧于自己学问疏陋，多次伴随在席公身边学习，我见他铭记皇上的恩典，又关心底层百姓的疾苦，两个方面的成就都达到了极致。我怀着崇敬的心情，把建楼的经过写下来献给席公。至于在这座楼上远望四方云天风物，面对城郊美景烟霞，隐约之境，好景目不暇接。这些都非席公修建城楼之初心，所以免为繁录了。

贞元九年（793年）秋九月三十日记。

史　话

在以长安为政治文化中心、陆上丝绸之路通达的盛唐时代，我们今天所说的东南沿海泉州之地，其实常常被笼统地概括在“闽越”这样一个地理概念中，显得既遥远又陌生。韩愈所写的《欧阳生哀辞》中说欧阳詹世居的“闽越”，“地肥衍，有山泉禽鱼之乐，虽有长材秀民，通文书吏事与上国齿者，未尝肯出仕”。这大概就是通过欧阳詹的描述带给韩愈的泉州印象。

然而，自从唐德宗贞元八年（792年）欧阳詹高中进士，与韩愈同榜，这个偏远的泉南小城，自此逐渐走出笼统的“闽越”，露出属于自己的文化新气象。正如朱熹这样评价：“事业兴邦，闽海贤才开气运；文章华国，温陵甲第破天荒。”欧阳詹相当于古泉州城崛起的第一座里程碑。

怀揣着家乡父老亲人们的殷切期望和鼓励，欧阳詹远行千里，一去十年。他远赴京师，求学问友，无时无刻不在思念家乡、思念亲人，他甚至梦见父母亲用乱丝缠绕其身，咬他的手臂不断流血。（见《与王式书》，《全唐文》卷五九六。）他梦想着早日回到自己美丽的家乡，过上“东风扇和，山青水清，野芳且荣，林鸟时鸣。樽有酒，匣有琴”的惬意生活。所以，一朝榜上有名，他立即迫不及待回到家乡，这一年他三十八岁。

回到家乡，除了和亲人团聚，更重要的是为家乡做点什么。那就是拿起笔吧！在贞元九年（793年），欧阳詹撰写了《二公亭记》《泉州北楼记》《六曹新都堂记》等文章。这篇《泉州北楼记》不仅记述了北楼修建的过程，指出刺史席相如何爱惜民力，体恤民情，不大兴土木；民众如何衷心拥护、“川朝子来”的盛况。还指出席公修建此楼的根本思想，即“夫完城壮邑，有邦之本也；恋阙爱君，为臣之节也。善矣乎！公广兹楼也。远得有邦之本，大有为臣之节。执邦之本曰公，谨臣之节曰忠。惟公与忠，公斯昭矣”。上升到以城邑作为国家根本，君臣遥相呼应，心相怀想的高度。

然而很无奈的是，回乡的时间如此短暂，欧阳詹又不得不离开家乡，他说：“忆求名于薄艺，曾十稔以别离。才还乡以半龄，又三年于路歧。红颜匪长，白日如驰。苒苒皆尽，悠悠为谁！亲有父母，情有闺闱。居惟苦饥，行加相思。加相思兮宁苦饥。辞家千里，心与偕归。”（《将归赋》，《全唐文》卷五九五。）欧阳詹回到京师之后担任“国子监四门助教”，卒于贞元十六年（800年），年仅四十五岁。友朋同道无不为之惋惜流涕，韩愈亲自撰写《欧阳生哀辞》，李翱撰写了他的传记。

回首欧阳詹短暂的一生，可以说他生活在古泉州与长安巨大的空间张力下所构成的矛盾、痛苦和无尽的思念之中。但他选择牺牲一己之幸福、小家的团圆，而通过京师仕进构建中心与边城的文化纽带，为古泉州作为东南巨镇的崛起创立了良好的文化基础。这方屹立在泉山门前不断重刻的欧阳詹《泉州北楼记》，不正昭示了历代赓续不绝的家国情怀吗！

泉州新修北楼记

宋·王十朋

碑 文

泉州新修北楼记

温陵之有北楼，犹武昌之有南楼也。楼阁台榭之在天下，以南北名者多矣，而二楼之名独著，得非因人而重邪？南楼以庾公重，北楼以欧阳四门重。然庾有污人之尘，君子耻道之。不若欧阳氏，以一代文杰联名韩李诸公，真足以重兹楼也。

予乾道四年冬十有一月至郡，越数日，策杖州宅之北，有屋将压邪，众木以支之。询之，乃北楼也。惕焉不敢睨，矧敢登？有碑尘如积漫，不可读，乃四门所作之记，叹息久之。

郡舍老而弊，宜修者非一椽，然莫急于兹楼也。第视事之始，方问民疾苦，土木之役非敢先。郡多飓风，日惟倾覆是惧。明年春二月建贡院，秋八月落成，得余材，始命工葺之。冬十有一月丁卯，董役者以讫工告，与同僚三四辈登而四顾，山川城郭之富尽在目中，亦一州之壮观也。既相与赋诗，又为之词曰：

闽南有州，北墉有楼，席侯肇谋。
发挥以文，楼乃有闻，欧阳四门。
载建载修，克绍远猷，郑吕二侯。
岁月浸久，楹腐桷朽，伊予来守。
偶岁之丰，时定之中，乃鸠尔工。

材即其余，费节其虚，逾月如初。
泉山之壮，桐城之状，可登以望。
身焉南极，心焉拱北，守臣忧国；
匪遨匪游，风观瘼求，守臣登楼。
民淳俗朴，灾害不作，登焉斯乐；
风俗惰偷，闾阎恨愁，登焉则忧；
居而官理，登而民喜，登斯无愧。
（碑文从《温陵留墨》中辑出，原碑不存，现碑为今人所立）

译文

泉州新修北楼记

温陵有北楼，就像武昌有南楼。普天之下的亭台楼阁，用南北方位定名的很多，但还是这两座楼声名最显，这难道不是因为有名人所以被看重吗？南楼凭借东晋名臣庾亮而名声大噪，北楼凭借欧阳詹而为世人所看重。但庾公品行不洁，如尘垢污人，君子耻于谈起。不像欧阳詹，作为一代文杰，与韩愈、李观等人同登进士。这实在足以使这座楼身价倍增。

我在乾道四年（1168年）冬十一月到泉州。过了几天，我扶杖走到府城北边，看到有座楼受压即将倾斜，有众多木柱支撑着它。询问方知原来这就是北楼。我心惊胆战不敢去看它，又怎敢随意登上去呢？楼前有一方碑刻，上面积了一层厚厚的灰尘，文字也无法识读。这就是欧阳詹所写的《北楼记》啊！我不禁叹息了好久。

当时的泉州，郡府屋舍都是陈旧破烂，应当修葺的不止一处，然而没有比这北楼更急迫的了。只是我刚到这里任职，正在了解民间的疾苦，至于大兴土木之类的劳役还不敢先做。但泉州靠海多台风，我每时每刻都在担忧这北楼将要倒塌。第二年春二月，泉州修建贡院，八月落成。造贡院剩余了一些材料，我才开始命令工匠修葺北楼。这年冬季十一月丁卯日，主持修建的人告诉我已竣工了。于是我和三四位同僚一同登楼四望，远山近水、内外城郭的无限风光尽收眼底，真堪称泉州府的壮观之地啊。于是，同游的人以这楼为题材相与赋诗，我作了一首铭辞记载这盛事：

闽南山水看泉州，泉州城关看北楼。借问高楼谁肇始？安定席相为民谋。

敬书其事作碑文，北楼大名天下闻。借问文章经谁手？欧阳行周仕四门。

此楼既建历世修，谋虑远大历长久。借问后人谁是首？政和绍兴郑吕侯。

年岁一更日渐久，梁柱木椽多腐朽。如此惨淡颓坏中，温州梅溪做太守。

两年岁岁郡常丰，时政安定乾道中。要效席公当年事，多募巧匠始动工。

所用木材出库余，处处节用不做虚。当年席公惟一月，今朝一月亦如初。

泉山叠嶂乾坤壮，刺桐瓦垣当年状。山水人文系一地，何不登楼尽眼望。

席公身贬在南极，心怀如旧常拱北。他人知是守臣心，位卑未敢忘忧国。

不为逍遥不为游，观察民风知诉求。他人知是守臣心，古今一意同登楼。

民风淳厚归俗朴，田里灾害亦不作。登临若是览此景，太守心欢乐复乐。

民风衰堕贪俗婾，坊间多恨遍哀愁。登临若是闻此苦，太守心忡忧复忧。

太守居官能治理，登楼能令百姓喜。至此方能催我泪，得见席公必无愧。

史　话

唐代欧阳詹为北楼作记之后，又过了三百多年，浙江乐清人王十朋，被委任为泉州郡守。王十朋是南宋绍兴二十七年（1157年）状元，历官饶州、夔州、湖州等地。他从乾道四年（1168年）十一月到任泉州，到乾道六年五月离泉，在泉州任职一年多时间。回到家乡后不久，便因病逝世，年六十岁。可以说泉州是他仕宦生涯的最后一站。

王十朋被委派到泉州，并非贬谪或者退休前的过渡，而是身负重任。早在北宋元祐二年（1087年），泉州就设立了市舶司，以管理诸港的海外贸易及有关事务。这说明当时海外贸易已经成为宋朝的一项重要经济来源。南宋绍兴初年，又在泉州设立了南外宗正司，专门管理迁居到泉州的赵氏宗族的事务。陈棨仁《闽中金石略》中说："考天水渡南而后，赵氏玉牒多汇于闽，因设西外宗正于福州，设南外宗正于泉州。"可以看出由于南宋政治中心的南移，泉州已经成为名副其实的东南巨镇。而日趋繁杂的政务，也考验每一任郡守的智慧才能。王十朋应当也是深知这一点。在他接到委任指令的时候，表达了自己的心迹："五年符竹换三州，乞得祠宫欲少休。名姓误蒙君相记，泉南千里又分忧。"（《戊子八月二日得泉州》）他显然是抱着不顾自身得失，为国分忧的心志而来。

王十朋任郡守时间虽短，但却让泉州百姓深深感戴他，敬重他，那么其所以深受爱戴的原因是什么呢？除了他的清正廉洁、勤政爱民、人格典范，更重要的原因恐怕在于他“以文化俗”的治政理念与实践。看他在任不到两年的时间里，开展创立贡院、修建石笋桥、重修北楼、重立戒石等城市建设项目；与知宗、提舶唱和往来，建立和谐的政商关系；又复忠献堂、立韩魏公祠、修姜公辅墓、表彰莆田林氏之孝、编刻《蔡襄集》等，看似不经意间，其所作所为往往站在以文育人的高度，所有的政治活动就都变成了一种人文的呈现。

以重修泉州北楼为例，他说“发挥以文，楼乃有闻，欧阳四门”，即这座北楼，正是因为有了欧阳詹的雄文，才成为一座名闻天下的“北楼”；他说“载建载修，克绍远猷”，修建此楼，正是为了延续前代的远大志向；他说“泉山之壮，桐城之状，可登以望。身焉南极，心焉拱北，守臣忧国；匪遨匪游，风观瘼求，守臣登楼。民淳俗朴，灾害不作，登焉斯乐；风俗惰偷，闾阎恨愁，登焉则忧；居而官理，登而民喜，登斯无愧”，其中所表达的“忧国”“爱民”，与一百年前的儒臣范仲淹何其相似。其中他正是将范仲淹作为自己的为官榜样。古往今来城池无数、城楼无数，本无深意。然而由郡守撰文，赋予传统文化精神，以敦风导俗，使得泉州北楼不仅是单纯的城市建筑，更成为延续儒臣文化的永恒精神城池。

王十朋卸任泉州时，百姓涕泣挡道。将其必经的桥梁拆断，以苦苦挽留。此桥后来用王十朋之号“梅溪”命名为“梅溪桥”。百姓又自发建造梅溪祠，岁岁纪念。士大夫还将他作为为官的楷模。朱熹称十朋疏畅洞达，如青天白日，磊落君子也。明代时，他的诗文还被专门辑录作《宋王梅溪先生温陵留墨》，朱炳如所撰序言中评价：“温陵自有郡治以来，贤守不乏，然未有若宋王梅溪、真西山二先生，尤为卓绝。”

昔日的政绩，已蜕变为供人游赏的古迹；昔日的情怀，却永远留在人们的心中。由此我们想到，一座城市的真正崛起，除了它的城池设施，经济实力，更有不可或缺的人文姿态、精神底蕴。

重修谯楼记

元·吴鉴

碑文

重修谯楼记

至正九年秋八月，泉郡新修谯楼成。何以书“大复古”也？曷大尔？修而复诸古，弗改作也。先时省台言，守令多旷官，议选内外台宪历任廉能有声之臣莅其职，特命正议大夫高昌偰玉立、中顺大夫古襄孙大（编者按：当作“文”）英来守泉州。夏五月，偰侯至，举直黜回，奸壬革心；罢行适宜，风休雷奋，阖郡传犹神明。

公退顾谯楼瓦腐木朽，凛然其将压，喟然叹曰：“是不可缓也。”于是郡人士好义者出己赀，佐公费，市材僦工，募以实直，农工不挠，而游伎食力之伦，利以仰给焉。六月，总管孙侯至，命属令晋江仙源纪庆翁、南安白榆等，分任厥事。

用是，栋楹梁栱之蠹挠者隆，楣桷榱题之摧毁者功。易甓盖，缮垣墉，髹墁蔽绘，华外而栗中。吏不与经画，工不待督，未及十旬，重檐周阿，岳立云飞，壮丽完好，悉复旧观。

公合乐命酒，会僚属宾佐以落之，邦耆老士庶鼓舞嚣欢，谓公真仁人，出一言而兴百世利，乐其事之成而已不与于其役也。请诗以歌之。

（碑文辑自乾隆《泉州府志》卷十二《公署》，原碑已佚）

译文

重修谯楼记

至正九年（1349年）秋八月，泉州府新修的谯楼落成了。有人称之为“大复古”，“大”在何处呢？是因为这次的修建旨在恢复古貌，不加改作。在此之前，朝廷的省台说，地方的守令多不称职，因此讨论选任朝中廉政勤干且名声在外的大臣去治理，于是特别命令正议大夫高昌人偰玉立和中顺大夫古襄人孙文英来守泉州。夏五月，偰大人到泉州了，他起用正直贤良，罢黜奸邪佞人，于是奸邪谄媚的人洗心革面；他废除不好的措施，推行适合时宜的举措，执行起来雷厉风行，全郡人都传言他好像神明一样伟大。

后来偰公来看这谯楼，砖瓦木材腐朽不堪，颤巍巍地好像马上就要被压塌了。他叹气说道：“修建不能再推迟了。”于是郡中乐善好义的人出资，并辅之以公家经费，买来材料、招来工人，用充足的钱广泛招募他们，让正常的农事活动免受干扰，那些靠卖力气吃饭生存的人，也有一定的收入了。六月，泉州路总管孙文英来上任了，他命下属晋江县令仙源人纪庆翁和南安县令白榆等人分别署理这件事情。

因此，那些被蠹虫侵蚀的栋梁楹栱，被换成结实粗壮的新木；那些毁坏的椽榍端头，由工匠重新修理完好。换掉瓦盖，修缮垣墙，全部用油漆彩绘装饰，显得外形华丽而内部庄重。这次修缮连官员都没有动用，工人也不必督促，不到三个月，两层高的城楼，延展的墙隅像山岳那样挺立，像腾云一样飘逸，宏伟瑰丽，完备华美，都恢复了历史的样貌。

于是偰公摆开宴席，让诸乐合奏，请他的同僚下属及宾客同来饮酒。泉州府的长者、士人、庶民都欢悦而振奋，他们称赞偰公真的是一位仁人君子，一句话就做成了造福后世百代的功业。偰公只是对于办成这样一件事感到很快乐，但他从不认为自己在这项工程中有什么值得夸耀的功劳。那么就让我用诗来歌颂吧。

史　话

一座城市中政府的所在地，即古时所称的“州治”，往往是地方政治中心之所在。唐景云二年（711年）武荣州改称泉州，唐、宋的州治及元代的总管府所在地，大体相沿。谯楼，又称威远楼，即坐落在州治的前面。宋王象之《舆地纪胜》卷一百三收录的《谯楼上梁文》中说：“清源紫帽素标图牒之传，石笋金鸡屡谶衣冠之盛。水陆据七闽之会，梯航通九译之重。”足见此地在宋元时代辐射内陆七闽及海外梯航的中心地位。

谯楼在元至正九年（1349年）得以重建，得益于当时郡守偰玉立。偰玉立，字世玉，高昌（今新疆吐鲁番）畏兀儿（今维吾尔）族人，元延祐五年（1318年）进士。至正九年五月，以正议大夫福建行省泉州路总管升任泉州达鲁花赤。达鲁花赤相当于郡守之职。偰玉立虽然出身于维吾尔族，但其家族，其实早已经活跃在当时的政坛上。其祖父合剌普华为广东都转运盐使，其父偰文质在今江西等地任要职。偰玉立兄弟五人皆登进士第，在当时传为佳话。正因如此，偰玉立本身也具有深厚的汉文化底蕴和修养。他工于汉诗，有《世玉集》行世。在泉州清源山、九日山等名山皆留有题刻。

与他的汉语诗文修养相比，其政治智慧也十分值得称道。当元至正九年（1349年）将近六十岁的偰玉立来到泉州时，他面对的虽然是依旧繁荣的海外贸易、活跃的经济景象，但也面临着元政权日薄西山，各地起义势力蜂起，外来文化与本地文化冲突不断的局面。但偰玉立运用他的政治智慧，在城市治理和文化关系处理方面，做出了杰出的贡献。“元代先后任过泉州路达鲁花赤者22人，总管19人，但得以入祀泉州名宦祠者仅偰玉立一人”[1]。他也因此赢得了“温陵贤守”的美名。

偰玉立治理泉州的重要遗迹包括：修建谯楼、扩罗城至翼城、宽容诸教、续修郡志、古迹临题等。从时间上看，他在至正九年（1349年）五月到官，修建谯楼是在八月完成，可见是到官之后就立刻启动的第一件大事。他为什么首先迫不及待地重建谯楼这样一处官署的标志呢？从其所作所为看，他似乎正是以此来加强官府的治理能力，并昭示一种励精图治的决心。正如吴鉴在这篇《重修谯楼记》中所言：“先时省台言，守令多旷官，议选内外台宪历任廉能有声之臣莅其职，特命正议大夫高昌偰玉立、中顺大夫古襄孙大（文）英来守泉州。夏五月，偰侯至，举直黜回，奸壬革心；罢行适宜，风休雷奋，阖郡传犹神明。”而吴鉴在至正十年所做的《重立清净寺碑》中也同样传达了这种看法，他说：“偰公治泉有惠，期年之内，百废俱兴。”就连曾经对偰玉立开拓城池加重人民负担颇为不满的僧人释大圭，也在其《梦观集》中写下“猗欤高昌公，三年此为春。弦歌响千室，井里安四民。一邑之风化，岂不关厥身”的诗句来赞颂偰公。

维吾尔族的偰玉立作为主官来到泉州，给仍兴盛繁华的泉州港注入更多安定的因素；而在泉州人民的眼中，这位维吾尔族的官员也同历史上的贤良郡守一样，并没有任何民族上的差别。善政善治，人文德行，始终是维系多元文化城市元素的核心理念。

这座谯楼，明清皆有修缮，20世纪80年代也得到了重建，历经时代风霜，一度夷为平地的楼宇，今天依然昂首挺立于城北，不能不说，它

1　陈桂柄：《元末偰玉立治泉州事迹钩沉》，《乌鲁木齐职业大学学报》2001年第1期。

已经成为这座城市历史足迹的见证，成为城市精神的时代坐标。

附一：重修威远楼记

泉之威远楼，即古桐城中之谯楼也。历世久远，其间兴废不常，何可胜数？自康熙丁未岁，前提帅王公庀材重新颜其额曰“威远”，迄今六十有二年矣。适余于雍正戊申驻节此土，因思天运循环，无往不复，修举废坠，端在人为。斯楼也，不络于倾圮而焕然一新，知前人不能无望于我，我何能无望于来哲哉！爰出俸资，命工修葺。后之人倘有登是楼而鉴余心者，余将与之共图不朽也。夫是为记。山左石云倬勒石。

附二：威远楼碑记

斯楼也，耸峙于提署之前，昔人以威远名，盖为天南保障之雄观也。历岁久，叠经建葺。乾隆二十九年倾于风雨。三十年三月，提军使者马负书偕郡侯王（讳）绶、邑令方（讳）鼎，暨急公捐输者重新兴建，爰勒石，以记其事及年月焉。

第二编　架桥天地老，留笔鬼神惊

万安桥记

宋·蔡襄

碑　文

万安桥记

泉州万安渡石桥，始造于皇祐五年四月庚寅，以嘉祐四年十二月辛未讫功。累趾于渊，酾水为四十七道，梁空以行。其长三千六百尺，广丈有五尺，翼以扶栏，如其长之数而两之。靡金钱一千四百万，求诸施者。渡实支海，去舟而徒，易危而安，民莫不利。职其事：卢锡、王寔、许忠、浮图义波、宗善等十有五人。既成，太守莆阳蔡襄为之合乐宴饮而落之。明年秋，蒙召还京，道由是出，因纪所作，勒于岸左。

（碑在洛阳桥南蔡襄祠内，今据以过录）

译文

万安桥记

泉州万安渡石桥，最初建造于北宋皇祐五年（1053年）四月，嘉祐四年（1059年）十二月竣工。在海水中搭建地基建造而成，将洛阳江水分流为47条水道，厚重的石板条横架于各桥墩之上。桥长三千六百尺，宽一丈五尺，桥面两旁翼以石条护栏，按照桥的长度而分列两边。共耗费金钱一千四百万，是广求于施财者而来的。此桥是在江海交汇处架起的，从而使往来行旅不用驾舟就可渡江，化险为夷，民众没有不受利的。掌管建桥这件事的有卢锡、王寔、许忠、僧人义波、宗善等十五人。大桥建成之后，太守莆田蔡襄在这里召集宴饮，庆祝正式落成。第二年秋天，蒙君上的召令返回京都，出发时经过万安桥，因此将此桥修建的过程记录下来，刻碑于岸左。

史话

泉州作为连通内陆与海洋的港口城市，在海路和陆路方面交通是否通畅，对城市发展至关重要。因此，泉州的造桥、造船数量及技术水平都直接体现了现实需求的巨大推动，故有“闽中桥梁甲天下，泉州桥梁甲闽中”之美誉。而伴随众多石桥的修建所产生的碑刻记录，也给我们今天留下了众多不可磨灭的历史遗迹和生动往事。

洛阳桥，可以说是泉州海上石桥建设的翘楚。民间有“站如东西塔，卧如洛阳桥”之说，就透出人们对洛阳桥的喜爱。由于洛阳江入海口过去称为万安渡口，所以当地人又称洛阳桥为万安桥。为什么称“万安渡”呢？在没有桥梁的时候，就要通过船只摆渡过去，然而风潮凶险，不能平安渡过，则人为鱼鳖。宋代方勺在《泊宅篇》中记载：“泉州万安渡，水阔五里，上流接大溪，外即海也。每风潮交作，数日不可渡。”乾隆《泉州府志》云：“万安桥未建，旧设海渡渡人。每岁遇飓风大作……沉舟而死者无算。”正因凶险异常，所以名渡口为“万安渡”，以祈祷平安。

然而江流湍急，海潮汹涌，水面广阔，泥沙之深莫测，建桥又谈何容易。北宋庆历年间，很多有识之士就已经在筹划修建渡桥。乾隆《泉州府志》卷十《桥渡》中说：“宋庆历初，郡人李宠始甃石作浮桥。”经历多次失败的尝试，终于在皇祐五年（1053年）四月正式动工修建，筑基石桥，其间的艰难困苦可想而知，传说中甚至需要通过法术、神灵的力量来破解困难。嘉祐三年（1058年），四十九岁的蔡襄二度出任泉州郡守，自俸捐资的同时积极募集资金帮助建桥，使得这座当时号称天下第一的跨海大桥终于在次年十二月正式告成。

桥建在江海交汇处，潮涌之时水阔浪急，工程非常艰巨。人们首创“筏型基础”来建造桥墩，并发明了“殖蛎固基”的方法，保障了桥梁的稳固，使往来行旅能够“去舟而徒，易危为安”。南宋刘子翚在《万安桥诗》中赞曰：“跨海飞梁叠石成，晓风十里度瑶琼。雄如建业虎城峙，势若常山蛇陈横。脚底波涛时汹涌，望中烟屿晚分明。往来利涉歌遗爱，谁复题桥继长卿？”虽然蔡襄在碑文中提到“有卢锡、王寔、许忠、僧人义波、宗善等十五人”，但还有无数参与造桥的无名英雄，才真正诠释了什么是“爱拼敢赢”的泉州精神。

洛阳桥的修建，真正打通了泉州北上福州乃至内陆腹地的交通枢纽，也与后来修建的安平桥、顺济桥等共同织就了便捷的沿海交通干线，从而形成泉州水陆复合的交通网络，应该说大大促进了古泉州联通海洋的运输能力，奠定了南宋、元代泉州成为世界级大港的基础。

洛阳桥南，有蔡襄的忠惠祠。该祠首进大门门楣上匾额书写着“宋郡守蔡忠惠公祠”，两边有柱联“架桥天地老，留笔鬼神惊”，为晚清探花郎黄贻楫所题。祠内矗立两方石碑，其中第一方为宋刻原碑，第二方原碑无存，现存为1962年仿原碑重新刻制的。二碑即《万安桥记》碑。栎园先生周亮工曾有《闽小纪》一书，其上卷曰：“桥尽为公祠，予甲午过其地，拜公祠下。见公所书二碑，无额无栏，制殊古朴，立公像左右。相传倭变时，倭舟载其右一碑去，后人补之。”也就是说，明朝倭寇骚扰福建沿海时，曾侵略泉州，盗走了右侧碑刻，实为一大遗憾。《万安桥记》碑刻文简义精，书法遒丽，工刻细致，被誉为文、书、镌“三绝”。《皇宋书录》即记载：“蔡公万安石桥记，大字刻石最佳，字径一尺。气压中兴摩崖。”书中将蔡襄的碑刻与颜真卿书《大唐中兴颂》摩崖石刻相媲美，其气魄可想而知。

洛阳桥北的昭惠庙内，除祀奉福佑帝君外，还在其右侧敬奉协助蔡襄建造洛阳桥的义波和尚坐像，并有联曰：“义高皆俊杰，架桥六载挥西日；波静有豪贤，留绩千秋耀北星。”

如今洛阳江大潮已经退去，今人已经感受不到当年的气势磅礴与艰难困苦，唯有典雅古朴的洛阳桥安静地横卧于此，月光菩萨、石武士、神兽、石塔以及神秘的梵文、佛经、古碑刻，共同守护着这一方的平安。

安平桥记

宋·赵令衿

碑　文

安平桥记

濒海之境，海道以十数，其最大者曰“石井”，次曰“万安”，皆距闽数十里，而远近南北官道所从出也。皇祐中，莆阳蔡公始桥万安，碑其事而请于朝。惟石井地居其中，两溪尤大，方舟而济者日千万计，飓风潮波，无时不至，船交水中，进退不可。失势下颠，漂垫相系，自古以然，大为民患。爰有僧祖派，始作新桥，会派死，不克竟。

余至郡之初，父老来谒曰：“新桥之不成，盖有所待。今岁太和，闾里无事，而公实来，事与时协，且有前绪，不可中废。请相与终之，而不敢以烦吏，使君幸德于我。”

是得邦之贤士、新兴化令黄逸为倡，率僧惠胜，谨洁而力，实后先之。经始之日，人咸劝趋，即石于山，依村于麓，费缗钱二万有奇，而公私无扰。自绍兴之辛未十一月，越明年壬申十一月而毕，榜曰“安平桥”。其长八百十有一丈，其广一丈有六尺，疏为水道者三百六十有二。以栏楯为周防，绳直砥平，左右若一，隐然玉路，俨然金堤。雄丽坚密，工侔鬼神。又因其余财为东、西、中五亭以休，实古今之殊胜，东南所未有也。

涓是良辰，属宾落祭其上。老壮会观，眩骇呼舞。车者、徒者、载者、负者、往者、来者，祈祈舒舒，无所濡蹇。日出雾除，海风不扬。岛屿灢湾，寂寞无声。空水苍苍，千里一色。神怪灵幽，波涛弭伏。凫雁之群，鱼龙之族，溯回影隈，翱翔上下。眇视南山，通望扶桑。贝阙珠宫，鸿蒙可想。恍如仙游，忽若羽化。虽驱石东来，游鱼溯水，不能绝也。

斯桥之作，因众志之和，资乐输之费，一举工集，贻利千载，是岂偶然也哉！且乘舆济人，君子以为惠政；邮梁不修，古人讥其旷职。守令之职，固未有先于此者也。今国家安静，文明武戢，岭海之陬，仁皆无外。令衿误膺寄委，假守是邦，早夜以思，惟惧弗称。其敢以此自为功乎？亦因民之利，而勉其所当为耳。

既而邦人又请镵诸石，以示永久，且作诗以系之。其诗曰：

维泉大海濒厥封，余波汇浸千里同。
石井两间道所从，坐令往来划西东。
怒涛上潮纩天风，舟航下颠一瞬中。
孰锐为力救厥凶，伟哉能事有南公。
伐石为梁柳下扛，工成若鬼丽且雄。
玉梁千尺天投虹，直槛横栏翔虚空。
马舆安行商旅通，千秋控带海若宫。
震惊蛟鼍骇鱼龙，图维其事竟有终。
我今时成则周功，刻诗涯涘绍无穷。

宋朝散大夫权知泉州军主管学事兼管内劝农事赵令衿撰并书。

（碑文录自俞少川、洪谷主编《安海志》，原碑已佚，今安平桥头立有重刻碑）

译文

安平桥记

濒临海边之地，有数十条通海港道，其中最大者叫“石井”，第二大的是“万安”，它们都距泉郡数十里远，是远近南北官道往来的要冲之处。皇祐年中，来自莆阳的蔡襄最初建造万安桥，撰写碑文记录此事并请示于朝廷。只有石井津居于晋江和南安的交汇处，两条水道尤其大，每天要渡过津口的方舟以千万计，飓风和汹涌的海浪随时都会到来。渡海的船只一旦遇上风潮便进退两难，有的更是失去平衡而翻覆，落水浮沉水中之人前后相继。从古时起就是这样，给民众生活造成了巨大的祸患。于是有僧人祖派开始主持兴建安平桥，后因祖派亡故而停工，没有最后完成。

我刚来到泉郡的时候，父老乡亲来探访我说：“安平桥之前没有建成，大概是因为正在等待一个能够修完它的人。现在年岁太平，郡县邻里安和无事，而大人你现在来到泉州，正到了要继续修桥的时候，且前人未完成的功业在先，不可半途而废。请让我们一起继续完成这件事吧。我们不敢多烦劳官吏，希望有幸得到大人您的支持。”

恰好有本地的贤士、新任的兴化县令黄逸积极倡建此事，率领僧人惠胜以谨身洁己的态度忙前忙后张罗。开始的那天，人们都相互勉励而来，从山上搬运石头，在山脚下的村落雕凿石头，总共花费钱财两万多缗，官府和民间都没有因为造桥而受到侵扰。从绍兴辛未（1151年）十一月开始到第二年壬申年十一月建成，为桥题额叫“安平桥”。桥长八百一十一丈，宽一丈六尺，将水疏通为三百六十二道。两侧栏杆作为周边的防护，像磨刀石一样平正，像墨线一样绷直，左右两侧整齐划一。隐隐好像是玉石铺成的路，又好像是金子搭成的堤岸。这座桥雄伟壮丽而坚固精密，巧夺天工。又将余下的钱财建造了桥以东、以西和中间的五座亭子，这实在是从古到今最殊盛之事，也是东南之地未曾有过的盛事。

于是选择一个良辰吉日，集合客人举行落成典礼，老幼同来观看，他们欢呼跳跃，手舞足蹈。坐车的人，徒步的人，负载货物的人，来来往往的人，道路宽广畅通，并无拥堵的现象。日出时大雾散去，风平浪静。岛屿蜿蜒渺渺，寂寞无声。天空与海水苍茫共一色。神怪通灵隐幽，波涛起伏。野鸭和大雁，游鱼和飞龙，上下遨游，若隐若现。向南山而遥视，向扶桑而通望。向往海中那珠贝装饰的华丽宫殿，恍惚回到宇宙之鸿蒙大荒。身如神仙之飘游，忽然而羽化凌风。虽然是从东边山上驱来石块，但水中游鱼和流动的活水永不停歇。

此桥的最终建成，是因为众人建桥的意志相和，乐于输送集资建桥的费用，一举而众工响应，才为千载而下留下无穷的利益，这难道是偶然的吗？况且以车船桥梁安济百姓，是君子当为的惠政；不修缮桥梁，古人都会讥笑他旷于职守。郡守县令的职责，固然是没有比这个更重要的。现如今国家安宁，文明开化，战事止息，无论是远在山岭还是海边的角落，都一体承受吾皇仁惠。我今天暂时接受委任，承担了泉郡之守的职责，日思夜想，只怕自己不能胜任，怎么还敢以此作为自己的功绩而自矜？只因为想造福民众，才努力做自己该做的事。

之后泉郡民众又请镌刻一块石刻，以示永久纪念，且作诗来记录此事。其诗曰：

泉州濒临大海，波涛汇集，一同浸润千里。

石井是两条水道的交界处，道所从生，往来车船在这里划分西东。

风大时，惊涛怒吼，潮水上涌，风中飘絮，舟船翻覆就在一瞬间。

尽力修建桥梁为挽救凶险，祖派所创作的功业伟大。

凿取石材作桥之横梁，建成后的桥巧夺天工，壮丽雄浑。

如玉桥梁千尺之长，就像一道长虹从天而降，平直整齐的栏杆就像在虚空中飞翔。

车马安然行过，商旅畅通，海若神明千秋安宁。

蛟鳄震惊，鱼龙惊骇，尽心图划的事业终究得以成功。

现在我建成了这座桥也算不上什么功劳，刻诗在上无非是想让造桥的精神流传无穷。

宋朝散大夫权知泉州军主管学事兼管内勤农事赵令衿撰写并书。

史　话

北宋时修建的跨海石桥连起了晋江、惠安两县之间的北向通道，一百年后修建的安平桥，则接通了晋江与南安之间的南向通道。二者来比较，万安桥雄壮伟岸，稳固坚牢，花费六年八个月建造完成；安平桥则是“天下无桥长此桥”，长八百余丈，绵延四里余，故名曰“五里桥”，工程更加浩大，历时十四年方才完成。正是这些桥梁的修建，为漂洋过海发展海上贸易的商人们提供了极大的便利，大大推动了泉州海内外交通的繁荣发达。

安平桥修建之前，人们想要过到对岸，只能靠舟船过渡。一旦飓风潮波来袭，则“船交水中，进退不可。失势下颠，漂垫相系，自古以然，大为民患”。但这里的地理位置又实在重要，关系到泉州各县交通是否通畅。清陈万策《重修安平桥记》云：“安平地区巨海，广衍数十里，南北往来市舶之区，泉之一大都会也。其西襟九溪之流，波涛萦折，以浚于海。”

于是依靠民间自发的力量，先是绍兴八年（1138年），安海人黄护和僧智渊带头各捐钱一万缗，由僧祖派主持开始兴建安平西桥。但不幸的是，在工程快完成一半时，黄护和祖派相继亡故，修桥的事业不得不暂时停工。

绍兴二十一年（1151年），宗室赵令衿来知泉州，也正是在这一年，百姓们向新任郡守请求继续完成前人未竟的事业。赵令衿借助本地民众的修桥热情，任用本地的贤士、新任的兴化县令黄逸，即黄护的儿子，由僧人惠胜主持建桥。工程伊始，人们有钱的出钱，有力的出力，热火朝天地运送石料，贡献力量。从绍兴二十一年十一月开始到第二年十一月建成，仅仅一年时间，以惊人的效率完成了剩下的一半工程，全城百姓，和郡守一起欢呼相庆，并请人题写大字榜书——“安平桥”。

赵太守在碑文中总结说：“（此）实古今之殊胜，东南未有也。”总结成功的原因说：“斯桥之作，因众志之和资乐输之费，一举工集，贻利千载，岂偶然也哉！”的确，百姓自发的热情和力量是最为感天动地的，是最为强大的。赵郡守并没有将功劳揽在自己的身上，而是发自内心地感慨：“且乘舆济人，君子以为惠政；邮梁不修，古人讥其旷职。守令之职，固未有先于此者也。”“亦因民之利，而勉其所当为耳。”

赵郡守的谦逊、尽责，不由得让我们更加尊敬和感佩。赵令衿作为赵宋王朝的宗室族子，是宋太祖赵匡胤次子燕王赵德昭的玄孙。他与那些不学无术的纨绔子弟和懦弱胆小的宗族求和派不同，《宋史》记载他“博学有能文声”，并且出仕伊始就能忠贞直言，这也导致他在靖康年间因为“言事忤旨”而被夺官。建炎年间的国乱没有让赵令衿陷入悲观和消极，直到绍兴七年（1137年），他以“都官员外郎”的职务再次被起用。数年来的家仇国恨使他毫不犹豫地站到了以抗金名将张浚为首的主战派的阵营中。赵令衿和张浚一样，反对投降金人，勇于弘扬民族大义。张浚因事被罢官，赵令衿立即挺身而出，

“请对留浚”。赵令衿也因此事，在绍兴二十一年“迁知泉州”。《宋史》上提到赵令衿在泉州的事迹，只有“泉属邑有隐士秦系故庐，唐相姜公辅葬邑旁，令衿建堂合祠之，郡人感其化”这一段。然而历史并不能抹去他作为郡守所创造的丰功伟业。据《安海志》载：“斯时，海港千帆百舸，乘风顺流，出入海门之间；渡头风樯林立，客商云集，转输货物山积；市镇之繁荣，不亚于一大邑。”安平桥的建成，显然直接提升了泉州在当时作为东方大港的实力，安平桥也成为中古时代世界最长的梁式石桥，时至今日，也依然是中国现存最长的海港大石桥。

桥修成后，赵令衿举行宴会，“属宾落祭其上。老壮会观，眩骇呼舞”。赵令衿眼观此时风景，不觉“恍如仙游，忽若羽化”。他是否有了“山水之乐，得之心而寓之酒也”的感慨？是否多了“人知从太守游而乐，而不知太守之乐其乐也”的体会？他借着宴会之乐，也开始赞扬起“今国家安静，文明武戢，岭海之陬，仁皆无外”了。他多么希望这个国家真的如他所说的一样“文明武戢”，然而酒醒了回到现实中，他同样得面对这个朝廷偏安一隅的苟且。他讽刺秦桧，不与主和派为伍。后来又遭免官，甚至被泉州的南外宗正司拘押，几乎被秦桧置于死地。当他身在南外宗正司的监牢中时，这个他曾经为政一方的泉州，又引起了他多少回想？“为问安平道，驱车夜已分。人家无犬吠，门巷有炉熏。月照新耕地，山收不断云。梅花迎我笑，为报小东君。”（乾隆《泉州府志》卷十）我们不能忘记，赵令衿在诗歌中所吟咏的那份辛劳，那份情怀。

修理南、涂二关外水利碑

清·方鼎

碑文

修理南、涂二关外水利碑

晋邑人多田少，苦乏灌注，官斯土者薄书鱼鹿，不获与我田间父老经营相度。前人疏凿畜泄之猷废，而农屡困矣。余承乏数载，其于洑田、留公、濯缨、盈塘等陂，暨海尾、烟浦各埭，靡不心营手划，寤寐萦怀，以求有济。近郊南、涂二关外，上受尚书、龙须等沟，下与通淮、德济会，潦则泥霆，旱则亢竭，农民苦之。爰佥谋而属其事于陈君思聪，工甫半而思聪殁，其弟嘉谟继焉。是役也，筑南关之陡门二，曰新巷、后田，筑涂关之陡门亦二，曰沙墩、河溪。并治兵马司桥及通淮水闸。由是潦有以启，而迎春、德济之水不至于壅淤；旱有以闭，而通淮、龙须之水不至于渗漏。又疏南郊壕沟一千四百余丈，以纳淡潮。时阅寒暑，费縻千金。利赖三十三乡，计田一万余顷。碧淙环绕，甘膏浸塍。凡衿耆之业于是者，皆踊跃出赀以助工作。爰泐乐捐姓氏于石，后之人循其轨而时修之，其裨益于我农田者不少也。有厚望焉，是为记。乾隆三十四年花朝上浣晋江令罗浮方鼎书。

（原碑在泉州青龙巷南端，今据拓片过录）

译文

修理南、涂二关外水利碑

晋江县邑人多田少，苦于无水灌溉，来此做官者忙于簿书鱼鹿等庸碌琐事，不能深入田间体察民情。前人疏凿畜泄之道废，而农人屡陷困境。我来此任职几年，对于洑田、留公、濯缨、盈塘等塘坝，暨海尾、烟浦各堤坝，莫不心营手划，日夜萦怀，希望能有所治理。近郊南、涂二关外，上承受尚书、龙须等沟渠的水，下与通淮、德济二水汇合，水大则泥洼漫灌，旱天则枯竭无水，农民饱受其苦。于是谋划将这件事情交给陈思聪来落实，工期刚过半而思聪去世，其弟嘉谟继续其事。这一工程，修筑南关的两大水闸，叫新巷、后田；修筑涂门关的两大水闸，叫沙墩、河溪；并修理了兵马司桥及通淮水闸。从此水大则开启水闸，迎春门、德济门的水流可以顺利疏泄，不至拥堵淤塞。天旱则水闸关闭，通淮、龙须沟中的水能够保有利用。又疏通了南郊壕沟一千四百余丈，以吸纳海水淡潮。工程历时一年多，花费千金。但利及三十三乡，一万余顷农田。碧水环绕，灌溉沟垄之间。本地父老皆能踊跃出资以助工作。于是把乐捐者的姓名刻于石上，后代人若能按照这一方法及时修理，对我农田的好处就不少啊！有厚望于此，故为此记。乾隆三十四年（1769年）三月上旬晋江县令罗浮方鼎书。

史　话

这块石碑静静地矗立在泉州市区南门青龙巷南端，来来往往的行人几乎注意不到它的存在，时光就这样流过了二百五十多年。

那是乾隆二十八年（1763年），广东罗浮人方鼎调任晋江县令。这是一位名不见经传的普通下级官员，后人甚至不了解他的性情和经历。但通过钩沉我们发现，他在任期间为重建的蔡襄祠撰写了碑文，主持编写了乾隆《晋江县志》，并撰写了这方《修理南、涂二关外水利碑》，也在清源山的赐恩岩上留下了“鹤径琴台”的摩崖石刻，这些让我们还可以依稀看到一些曾经的时光片段。

刚刚由外地来上任的县令方鼎，有着不错的文笔和才思。当入泉的车子距离晋江县的中心还有二十里的时候，他首先看到的是城东洛阳江水的“两岸迷目，烟波怵心，潮汐吐吞，漭漾镗鞳”，更感叹蔡襄主持修建绵亘江上的洛阳桥是“有大功德于民者”。到了任上，方鼎更立志造福一方人民。但可惜的是，每当他咨询访求当地人，当地人都很茫然不知所答。于是他组织县里的贤达，用一年时间编写了一部《晋江县志》，从山川、舆地、水利、政事、学校、风土人情等方面加以全面梳理，可以说对这一方土地的历史和现状都有了全面的了解。他尤其认识到，晋江县背山面海、西北高东南低的地形，决定了土地涝时更涝，旱时更旱。以前来做官的县令多忙于事务性工作，不能深入体察民情，自宋代以来治水的疏凿畜泄之道不断遭到废弃，农民常常陷入困境。兴修水利，扩大农业发展，是保障此地民生的关键。

这里所说的南关，也就是南门，即今天遗址仍存的德济门。涂关，即涂门，即历史上的通淮门。这两处城关，也是当时晋江县连接城内外排蓄水系统最重要的两个水关。可是，如何兴修这一水利工程呢？从碑文中我们看到，县令将这件差事委派给了陈思聪，但工程进展到一半，思聪去世，其弟嘉谟继续完成了这一事业。具体详情如何则不得而知。

幸好我们查阅道光版《晋江县志》卷八《水利志》，在附录中收有一则由民间耆老所立、同样记载这次水利工程的碑的碑文，此碑即乾隆庚寅《修南、涂二关水利碑》。这则碑文较为详细地叙述了陈思聪、陈嘉谟兄弟义薄云天的感人事迹。碑文中说："凡诸工费，陈君皆先输之，以三十二年十一月二十二日兴工。二关外之陡门，暨南郊壕沟，兵马司桥等处，宜筑者筑，宜治者治，悉心课督，务使旱涝有备。是役也，工甫作而陈君殁。尔时，不惟吾侪感吊，方公且怜惜之，挽君以诗，嘱其胞弟嘉谟君继焉。幸而嘉谟克继兄志，踵成其任，以三十四年二月讫工，共縻白金千有余两。矜耆按产鸠资，事竣时，方公为之立石纪盛事焉。"原来，陈氏兄弟不仅出力，而且带头出钱。父老们说，兄弟俩"勤修筑，溉田至一万余顷；捐其财，利赖及三十三乡"的义举，堪为后世乐善者的楷模，应当永远被人们铭记。

这块不起眼的石碑，告诉了我们清代乾隆年间晋江县的地理环境、水利情况，以及以农业为主的封闭处境，这与宋元时期的辉煌已不可同日而语，但也和今天的地理、水利有了很大的不同。这块石碑也告诉了我们名不见经传的县令方鼎的右文与勤政，本土义士陈氏兄弟舍己利人的义举和父老们的无限感恩之情。

第三编　此地古佛国，满街是圣人

泉州开元寺佛殿碑记

唐·黄滔

碑　文

泉州开元寺佛殿碑记

混沌死而天地生，道德销而仁义作。情军业网，始脉旋波。天谓洛龟河龙，文有生而不文无生，乃产金圣人于西国，钻智慧火，干烦恼海，理不吾吾而一贯生生。其姿电燿于周室，其波泒漾于汉代。由是馆移鸿胪，城崇白马，斯有寺之始也。

寺制殿象王者之居，尊其法也。其后金地莲扃，周旋四海，乌飞兔走，或故或新。至如神运之灵莫灵矣，亦靡得而岿。然则我州开元寺佛殿之与经楼、钟楼，一夕飞烬，斯革故鼎新之数也。

初，仆射太原公以子房之帷幄布泉城，以叔度之裤襦纩泉民。而谓竺乾之道与尼、聃鼎，宜根乎信而友乎理。矧开元（句）宇五十载之圣容，实寺之冠。洎帅闽也，愈进其诚。缮经三千卷，皆极越藤之精，书工之妙。驾以白马十乘，送以府僧，迎以郡僧，置兹之楼。既而（编者按：此处似漏“秦灰既烈”四字），蜀雨不飞，识者以为物之尤，罕留于世，敬之至必动乎神，是必为地祇所搜，龙宫之索。不然者曷？与斯故新之数期，厥理则明，我宜悄然不已。

仲弟检校工部尚书，为兹郡之秋也，武则拍孙吴之背，文则席夏商于前。而复龙虎之内，以埙以篪，大耸孟龙之旨。乃割俸三千缗，鸠工度木，烟岩云谷之杞、梓、楩、楠，投刃以时，趋功以隳，食以月粟，付以心倕，不期年而宝殿涌出，栋隆旧绮，梁修新虹。八表四隅，悉半乎丈。柱盛镜础，方珪丛斗，楣承蟠螭飞云，翼栱文榱刻桷，镠镐杈丫，或经纬以开织，或丹雘而缬耀。皛若蟾窟，嵘如鳌背。风夏触而秋生，僧朝梵而谷应。升者骨冰，观者目波。而五间两厦，昔之制也。

自东迦叶佛、释迦牟尼佛，左右真容，次弥勒佛、弥陀佛、阿难、迦叶、菩萨、卫神。虽法程之有常，而相貌之欲动。东北隅则揭钟楼，其钟也新铸，仍伟旧规。西北隅则揭经楼。双立岳峰，两危蜃云，东瞰全城，西吞半郭。霜韵扣而江山四爽，金字骈而讲诵千来。是知天地日月鬼神不欲一存其物，将有待于后人也。设使斯殿也斯楼也不有之故，其何以新？我公之作之为其何以布之哉？三略六韬流通贝多，戈霜剑雪为甘露洁，信英智之所措也。

既毕，召化内之缁锡，数迈于千，斋而落之累中。慈云五色，慧日重轮。谭者以为梵天之宇化于是矣，灵山之会俨于是矣。我公之倅试大理评事宋君曰："骈才推博古，识洞真如，请立贞珉垂于不朽。"公以小儒不佞，俾刻斯文。僧正临坛，大德僧宣，一桑门之关楗者，曰：寺有记，亡之矣。垂拱二年，郡儒黄守恭宅桑树吐白莲花，舍为莲花道场。后三年，升为兴教寺，复为龙兴寺。逮玄宗之流圣仪也，卜胜无以甲兹，遂为开元寺焉。尝有紫云覆寺至地，至今凡草不生其庭，大矣哉！自垂拱之迄开元，四朝而四易号，及（句）谅兆水于木，垂云雉草（谓桑莲之与云草），天启地灵之如是，则开元实寺之冠，斯又冠开元焉。金圣人无为也，尧舜亦无为也。诚参错其道，巍巍圣仪永与诸佛如来俱，岂不其然？愚是以奋笔于一公之说。乾宁四年丁巳冬十一月日记。

（碑文自四部丛刊本《唐黄先生文集》卷五辑出，原碑不存）

译文

泉州开元寺佛殿碑记

混沌既分而天地始生，大道废弃便有了仁义。世俗的欲望如军队一样何其众多，业力也如网罩一般不可逃脱，这些东西就像血脉延伸，如同漩涡一样波连不断。洛水之龟、黄河之龙都被看作上天的象征，上天在有生命的活物上刺划纹理，而不在没有生命的事物身上降下感应。于是上天在西域佛国降下释迦牟尼，他像钻木一样获取智慧之火，他尽净己心使烦恼之海干涸。他所传播的道理不仅改造自我，而且贯通于群生。他的雄姿在周王朝时期就已经点亮了那个时代，他的名声在汉代如同流水溢出一般传到中国。自此以后，鸿胪开始接待西域来使，天子京都造起了白马寺，这是中国有佛教寺庙的开始。

寺庙里建造大殿规制效仿帝王的住所，这是敬重佛法的意思。从此之后佛教寺庙遍布于四海宇内，随着岁月的流转，这些寺庙或颓败，或新建。虽然没有什么比神佛之力更灵的了，但也没有哪一座寺庙可以屹立不倒。既然如此，我州开元寺佛殿与藏经楼、钟楼，一夜之间遭遇大火而灰飞烟灭，这也是除旧更新的命数了。

一开始，仆射太原公王潮凭借如同张良一般的谋略治理整个泉州城，以东汉廉范一般的善政惠爱泉民。他说天竺佛法和儒道两家互为鼎足之势，应当树立信仰之根，而互通其中的义理。况且开元这座寺宇是五十年来的蔚然大观，实在是全国寺庙之首。到了王公统帅闽地的时候，他更加奉献出自己对于佛教的诚意。命人抄写经文三千卷，抄经的纸都是最精美的，写经的人更都是书法妙手。又用白马车驾十乘，由府郡中的高僧专门迎送，让这些经卷常驻此楼中。后来又遭遇大火而尽为灰烬。一些有识者认为凡世上稀罕的事物，很少能保存于世，人们恭敬至极的时候，必然会惊动神灵。精美绝伦的佛经佛殿，肯定是被地上的神灵、海底龙宫的神灵们所渴望索求。不然为什么会这么快就焚毁呢？看看这座佛殿衰败与新修的次数期运，就自然会明白这个道理了，我当闭口不言、遵循天道而已。

王潮的二弟检校工部尚书王审邽来统领泉州的时候，他的武略能追得上孙子和吴起，文德能够与夏商二代平坐于前。和他哥哥王潮不亚于一龙一虎，恰似伯氏吹埙，仲氏吹篪。王审邽也大力推崇哥哥王潮信佛的宗旨，从俸禄中拿出三千缗钱，聚集工匠，度量木材，运来深山中的杞木、梓木、楩木、楠木等名木。他砍伐树木、动土修建等都能照顾民力，不违农时，每月付给工人们粮食，将工程交付给巧匠来操手。不到一年宫殿就拔地而起，大殿的柱子装饰起原有的色彩，房梁也修得像彩虹一般。八个面四个角都方正宽敞。粗大的柱子坐落在结实的底座之上，梁头方正齐整。门上横梁上刻着盘曲的龙，斗拱像飞云一样比翼飞起，屋椽都刻上纹理，像树枝一样纵横交错。有的纵横像织布飞梭，有的涂饰靓丽像闪耀的星辰。佛殿光明如月照九天，高峻如海中大鳌的脊背。风在夏天穿过佛殿就会让人感觉到秋天的凉爽，僧人在这里朝拜唱诵就感觉身处山谷幽境。登上大殿而令人生冰肌玉骨，观赏的人眼前琳琅满目。新修的大佛殿遵从面阔五间、悬山加披等规制，这也和从前一样。

大殿内佛像矗立，从东面看是迦叶佛、释迦牟尼佛，次之是弥勒佛、弥陀佛、阿难、迦叶、菩萨、卫神。虽然这种规制是按照常理来排列的，但是造像的样貌却是如此的生动。佛殿东北角就是钟楼，这里的钟是新铸造的，仍然遵循了旧时的规格。西北角是经楼。这两座楼像两座高峰一样耸立，直接云端。登楼向东可以俯瞰整座城池，向西则可以望尽半片城郭。霜韵悠悠，晨钟暮鼓传来，让人顿觉江山四面清爽；经书金字闪烁明灭，无处不在说法入心。由此而知天地日月和鬼神，从来没有让一物长久不灭，那是在等待后人去接力再生啊！假设这殿这楼没有被焚毁，哪里又会有如此的新生呢？王审邽大人的信仰愿力又怎能借此流布呢？三略六韬之谋划为佛教经卷广泛流通，刀剑武力化为甘露清洁诚信，这确实是英明睿智的人才能实现的啊！

建设完工之后，王审邽召集境内的僧人超过千名，使他们斋戒而集坐。这时候五色慈云亭亭如盖，双重光晕之日高悬中宇。大家都说这是梵天的庙宇降落在我们这里，那灵山的佛会也在我们这里庄严举行了呢。大理评事宋君说："博识古事者方为才华横溢的文士，他们才能洞察宇宙万物的真如本相。请就此撰写碑文并立石为铭，永远流传而不磨灭。"王审邽公因此让小儒我负责撰写这篇文章。这时候僧官登上戒坛，有一位大德叫僧宣的，是沙门中掌管山门关键的对我说：开元寺原来有碑记，可是现在亡佚了。垂拱二年（686年）的时候，泉州儒者黄守恭家宅里的桑树开出白莲花，于是黄守恭捐献家宅作为莲花道场。过了三年，道场升级为兴教寺，又改名叫龙兴寺。到了唐玄宗时期崇佛之风流于各地，占卜而知这座寺庙是最为吉祥的，于是命名为开元寺。这里曾经有祥瑞紫云降落在寺庙上，一直覆盖到地，到了今天也没有一根凡草长在庭院中，实在是太伟大了！从垂拱到开元，经历了四朝，寺名也更改了四次。推想当时白莲花生于桑林，紫云垂落而凡草不生，天地孕育灵异如此的广大不可思议，所以说开元寺是所有寺庙之首，而开元寺又在开元年间最为出名。

释迦牟尼为无为，尧舜也是为于无为，如果能彼此包容，取长补短，求同存异，让崇高的圣人之仪与诸佛如来共存，不是更符合于道理吗？我于是在这位僧人的启发下奋笔疾书成文。唐乾宁四年（897年）冬十一月记。

史　话

唐代后期，藩镇割据、朋党斗争、农民起义等诸多社会问题越来越尖锐，在北方也发生了会昌灭佛之类的事件。当时正好在中国游学的日本僧人圆仁在其《入唐求法巡礼行记》卷四中记载："三四年已来，天下州县准敕条流僧尼，还俗已尽。又天下毁拆佛堂、兰若、寺舍已尽。又天下焚烧经像、僧服罄尽。又天下剥佛身上金已毕。天下打碎铜、铁佛，称斤两收检讫。天下州县收纳寺家钱物、庄园、收家人奴婢已讫。"可见这次废佛的规模与程度。会昌六年（846年）三月，唐武宗逝世，唐宣宗即位。虽然宣宗不久就采取措施，停止武宗的废佛政策，开始恢复废寺，重新复兴佛教，但佛教的重心已经南移，南方成为新的佛教文化中心，儒、释、道共存交融与民间信仰文化的杂糅，也成为南方信仰文化的主要形式。南方佛教显得比北方更为活跃。

此篇记文为黄滔撰写于唐末乾宁四年，即公元897年，是现存最早有关开元寺兴建历史的石刻史料，虽然原碑已无存，但我们尚可以通过保存在《唐黄先生文集》中的碑文，对当时的时代语境和个人心境有所了解。

首先记文特别强调的是这座开元寺在晚唐闽国得以重建，辉煌壮丽，极度尊崇，得益于开闽三王中的王审邽。他在开闽王氏兄弟中排行第二，当时帮助大哥协理泉州。协理期间他能够勤政爱民，带来一方经济文化的繁荣。在经济条件允许的时候，在不影响民力的情况下，他开始重建开元寺。

其次强调新建的开元寺带给人以精神的洗涤、刹那的顿悟，信仰油然而生，仿佛身处佛国一般。他说："双立岳峰，两危蜃云，东瞰全城，西吞半郭。霜韵扣而江山四爽，金字骈而讲诵千来。"又说："慈云五色，慧日重轮。谭者以为梵天之宇化于是矣，灵山之会俨于是矣。"

其三全文贯穿着作者对佛理的深入思考。既然神佛灵光护佑，为何当初盛唐的开元大寺会在一夕之间化为灰烬呢？难道是神佛连自己也不能保佑吗？经过对整个寺庙兴废过程的观察，他似乎感悟到，世间没有一件事物是永恒存在的。破敝是为了给后来的人一个重兴的机会。要不是盛唐开元寺毁于大火，怎么看得出王审邽的信仰之诚，怎么看得到新建寺庙的壮丽威严呢？佛法在不知不觉中将战争权谋、兵锋利刃化为诚信洁净的信仰，化为流通的贝叶经书，这本身不是与人间的教化紧密相连吗？所以他在文章中自己回答了自己的问题，他说："是知天地日月鬼神不欲一存其物，将有待于后人也。设使斯殿也斯楼也不有之故，其何以新？我公之作之为其何以布之哉？三略六韬流通贝多，戈霜剑雪为甘露洁，信英智之所措也。"

其四，作者在最后一段通过僧道宣之口回忆这座寺庙在唐垂拱时代由本地儒士黄守恭舍宅建寺，通过四朝而四次易名，逐渐升格，最后在开元年间成为天子敕名的大寺，充满了不可思议的灵异。作者虽然没有继续阐明，但采用倒叙的手法，将最初的历史放到最后来讲，似乎别含深意。如果放置到会昌灭佛的背景下看，从垂拱到开元，开元寺的崛起兴盛正和盛唐的崛起兴盛同步，真正的包容、开放的文化态度显然十分重要。而灭法废佛这种过激的行为，又将带来更大的社会问题。所以作者在文章中多次提到佛法的义理与儒道的义理本来可以达成会通，共同形成属于中华的文化精神。如曰："竺乾之道与尼、聃鼎，宜根乎信而友乎理。"又说："金圣人无为也，尧舜亦无为也。诚参错其道，巍巍圣仪永与诸佛如来俱，岂不其然？"由此我们看到佛教中国化过程中"求同存异"基础上的包容精神。

开闽三王在晚唐五代时期保持闽地政治、经济、文化相对稳定方面做出了不可磨灭的贡献。而开元寺在五代时期的重建也彰显了一种文化包容与文化自信。然而值得注意的是，三王之后王氏家族的接班人并没有很好地继承父辈的理念，开始自相残杀，将闽地再次引向动乱。今天看来，万事由人，神佛可以作为社会教化的一部分实现在地的转化，但如果执政的人不能真正修行心地，也只能应了中国古代那句老话：祸福无门，唯人所招。

另外值得注意的是，这篇碑记中提到佛殿中供奉的佛像为"自东迦叶佛、释迦牟尼佛，左右真容，次弥勒佛、弥陀佛、阿难、迦叶、菩萨、卫神"。然与后人所说供奉的是密宗"毗卢遮那佛"等五尊佛像的说法不相符，不知是作者有意淡化教派的差别，还是后世开元寺的佛像与五代重修之时佛像身份发生变化，值得进一步探讨。

重修清源郡武荣州九日山寺碑并铭

宋·曾会

碑 文

重修清源郡武荣州九日山寺碑并铭

夫山川之秀者，闽中为胜绝；闽中之胜者，清源为灵异。故其著地形，辨土脉，阴协于鬼谋；凭高峰，俯空谷，幽居于佛刹者，其惟建造乎！

东去郡城十五里，南去大海三十里。左则南安属邑，市人之所游集；前则晋江通津，海潮之所吐纳。独其西北，冈阜连络，若虎而蹲，若龙而奔，黛滴蓝喷，藏烟泄云，自远而来，豁然屏开。双峰对峙，中坦数里，疑其融结之初，已张本乎造寺也。

始晋太康九年，在县西南，至唐大历三年，移建于斯。会昌废之，大中复之，五年赐其额。有沙门宣义者，谕众以输财，邑父老洪玉、丁潜同谋而市基。庵岩院落，总五十有四，得锡额者凡二十有一。故其托平地，瞰悬崖，架石梯，跨涧水，高与下相叠，背与面相倚。草树阴森，藤萝交盘，檐窗隐映以回合，钟磬春容以遐举。楼台轮奂乎半空，门径委曲于绝顶。每海日明，天籁生，虹霓挂峰，苔藓萦壁。逍遥澹泞，若在鹫岭沃洲之上。虽劳尘俗虑，至而颖脱，曾不知心因境静，境逐心闲，优之游之，真趣自得。允所谓东南之美，为幽人之窟宅，造化之功，开后世之基址，故唐之周朴、张为，聆风嘉尚，寄诗美之。

其大殿者，唐咸通中将取山材，先斋，祷次，忽遇人指其处，果楩、楠、杞、梓者。是夕又梦许与护送。既而一日江水暴涨，其筏自至，了无遗失。大壮既隆，目为神运。自开、宝中，连帅中令陈侯割俸增饰，兼重建三门焉。其东南隅别立奉先，报劬劳于考妣也。寺之讲堂者，先是连帅鄂国留公造经藏于招庆禅刹。功既成而财有余，陈侯继旧治补遗事，乾德中兴建立。至端拱中，寺用常住作亭于前，因以集讲学而示宏敞也。殿之前，众作石幢石塔以引翼之。殿东南钟楼者，周广顺中募众财而造之，荐冥祐于含识也。殿之西北星宿堂者，济南郡夫人建之，资景福于陈侯也。寺之东浴室者，劝郡缘而构之，用以涤外尘而植净因也。讲堂东影堂者，通判团练使陈侯奉孝终于此也。西堂五百罗汉者，邑尹翁、留二君，劝吏民以植福也。

东峰亭基，唐相姜公辅左迁是邦，寻幽致而营栋宇也。西峰亭石佛者，独标奇形，控压列岫，唐征君秦系昔为隐君，勒篆曰“高士峰”。乾德中，连帅陈侯镌而为像，择僧尸之。峰之下构以亭，因石为炉、碾、盆、砚，皆系之遗物也。亭之右古松二株，偃蹇盘屈，异于常者，昔寺未迁，有老僧独坐，志之谓晋时所有。今或天地阴晦，有龙盘攫其上也。北峰之南白云井者，泉味甘凉，爽人肌骨，唐进士傅笋寄褐在兹，旭日汲之，见云覆波涌，中有龙跃者也。井之左檀越林者，青葱聚秀。昔殿甫成，夜有神人拥徒历观，俄隐是所，今阴雨中有灯自明也。

林之下菩萨坑者，山大盘石，莫测其源，奔湍漱响，有圣僧时见也。坑之右石龛者，危岩虚室，人迹罕到，无等禅师昔常宴居。唐大中中郡守问道，留偈旌德，今犹存也。古《金刚经》者，昔天竺三藏拘罗那陀，梁普通中泛大海来中国，途经兹寺，因取梵文，译正了义，传授及今，后学赖也。

凡得法要，分为人师者，由大悲至岩头，由观音至朱溪，由天王至隆寿，由西庵至招庆，皆是寺所自出也。大哉如来之教，见性以成道，假相以迁善，外以因方便，内以契真实。故塔庙者摄执滞而发信根，由回向而通觉路。念念自在，尘尘圆通。三界医王，四生慈父，将必兴者，待于时，萦于地乎！

吾皇帝平一区宇，百姓无事，是教于天下得以更始也。布告正朔，百越覃化，是寺于闽中得以勃兴也。不然者，何窒于彼，通于此，若斯之盛者与？知沙门惟峭，主领有程，诲导不倦。始余闾里间屡然来登乐作嘉赏。及端拱初，首与乡书，息驾精舍。越明年登甲科，授勋丞直史阁，得假东归，来追旧游寺之黑白。众佥谓，熟山水之趣，知废兴之本。作记事官，见命论撰，奋笔摭实。乃作铭曰：

天地成气，融结著形。山泽之秀，东南炳灵。通海流涧，排空耸青。中有佛宇，昭然福庭。唯禅之门，亦觉之路。本乎虚空，孰为坚固？运以慈心，拔其苦趣。瞻此仪形，与之齐度。巍峨月殿，重叠云楼。石径几沕，烟岩半浮。松寒不夏，桂暖长秋。仿佛鹫岭，依稀沃洲。缅邈圣贤，杳然长逝。盼蠁鬼神，聿来加卫。古物斯存，灵踪益炽。发挥宝乘，振灼遐裔。真人出兮，书轨大同。诸佛来兮，教法载隆。梵刹维新兮，郡邑其东。勒铭丰碑兮，昭融帝功。

（据《清源文献》卷十四过录，原碑不存）

译文

重修清源郡武荣州九日山寺碑并铭

山川最为秀丽的地方，福建为胜；福建风景最优美的地方，以泉州清源山最为神异。所以本寺选择地形，辨别土脉，都暗合于鬼神；依靠高峻的山脉，俯视空旷幽深的山谷，幽居佛教宝刹的，大概只有建造寺了吧！

建造寺东边距离郡城十五里，南边距大海三十里。左侧隶属于南安，市民在这里贸易聚集；前面是晋江通达的津渡，海洋潮汐吐纳其间。只有西北面与山丘相连，像老虎一样蹲踞，像蛟龙一样腾跃。远山苍翠欲滴，草木丰茂，烟雾缭绕，云飞云渡。山从远处逶迤而来，豁然张开，双峰相对耸立，中间数里平坦开阔，怀疑它最初形成之时，就已经为这座建造寺做准备了。

寺始建于西晋太康九年（288年），在县的西南方；到唐代大历三年（768年），移建到这里。会昌法难时遭到破坏，大中年间又恢复。大中五年（851年）获赐匾额。有沙门叫宣义的，教谕众人献纳资财，邑父老洪玉、丁潜共同谋划而建造地基。庵岩庭院落总计五十四座，得赐题额的一共有二十一座。它托起于平地，俯瞰悬崖，高架石梯，横跨涧水，高与下相叠映衬，背与面相倚靠，树木浓密成荫，藤蔓交盘缠绕，檐窗在草木中光影徘徊，钟磬声远扬在春色中。楼台美轮美奂、悬立半空，门前小路蜿蜒而上直达峰顶。每到海上红日升起，自然的天籁从山中传来，一道彩虹挂在山峰之上，碧绿的苔藓萦绕在山壁，安闲自得而又和舒荡漾，如在佛教圣地鹫岭、沃洲之上。虽劳心于尘世俗虑，到这里就可瞬间超凡脱尘，身心俱净。竟不知是内心因外境而安静，还是外境随内心而安闲下来。悠闲从容，真趣自得。真所谓东南之美，是幽居之人的窟室；自然创造演化的神功，开后世创建的基础。所以唐代周朴、张为都闻风称赞仰慕，寄诗来称美赞叹。

寺大殿修建时，是唐咸通年间。在伐采山木之前，人们先斋戒，接着敬祷，忽然有人指引良木生长地，果见楩、枬、杞、梓等良材。这天晚上又梦见有人答应护送运输。不久后的一天，江水忽然暴涨，运木材的竹筏顺流而下，无一遗失。大功告成后，被看作神运。开宝年间，连帅中书令陈侯捐出俸禄，重新增饰修缮，并再建三门。在东南角另造地方祭祀祖先，以报去世父母的辛劳。寺中的讲堂，在此之前连帅鄂国留公造经藏在招庆寺中。功成之后财物还有剩余，陈侯继续治理原来管辖地区，修补遗漏事务。乾德中兴建立，到端拱年间，寺前又建了亭用来集会讲学，以示高大宽敞。佛殿的前面，众人作石幢石塔作为引导扶持。大殿东南方的钟楼是后周广顺年间募集众人钱财后建造的，望鬼神诸佛保佑众生。大殿西北星宿堂是济南郡夫人建造的，愿陈侯洪福齐天。寺庙东面是浴室，向众人化缘而建，用来洗涤外尘，植佛净因。讲堂东边是影堂，通判团练使陈侯奉孝逝世之地。西堂罗列五百罗汉，邑尹翁、留二位大人，劝导官吏和庶民积福所造。

东峰的亭基，是唐朝宰相姜公辅贬官到此处，寻求幽静雅致的地方营建屋宇留下的。西峰的石佛，形容奇特，气压群山，唐代征君秦系曾在此隐居，故此峰有石刻“高士峰”三个大字。乾德年间，连帅陈洪进雕刻此佛像，请僧人来住持。山峰下所建的石亭中，石头做的炉、碾、盆、砚，都是秦系的遗物。亭的右边有古松两株，弯曲盘桓，与众不同。过去寺院未迁移到此时，有老僧独坐于此。志书记载是晋朝就有的。现在当天地昏暗阴沉之时看上去就像有龙盘踞其上。北峰南面的白云井，泉水甘甜，沁人心脾，入于肌骨。唐代进士傅笋曾在这里读书。太阳初升时他去汲水，见井中波涛汹涌、风云变幻，有龙腾跃其间。井左边的檀越林，葱郁秀美。昔日大殿刚刚建好，夜间有神人带领僧徒逐一观看，不久后隐匿在这里，至今阴雨天有灯自明。

檀越林下的菩萨坑中有一块大盘石，没有人知道水流来源，水流湍急，发出漱响。有圣僧不时出现。菩萨坑右边石龛，山岩高耸，中有空洞，人迹罕至，无等禅师常常闲居此处。唐代大中年间，郡守问道，留下偈子表彰有善行的人，今天仍留存着。古《金刚经》，是天竺三藏拘罗那陀在梁代普通年间漂洋过海来到中国，途经这座寺庙，于是取来梵文翻译，明了经义，传授到今天的，后进学者都仰赖他翻译的《金刚经》。

大凡获得佛法的要义分为人师的人，由大悲至岩头，由观音至朱溪，由天王至隆寿，由西庵至招庆，都是这座寺庙出来的。如来的教化真是广大啊！通过洞见本性以得道，借万物之相以引导向善，向外因顺方便法门，向内契入真实之境。所以塔庙的作用就在于，敛治人们心性中的执着阻滞，而生发信仰之根，通过将功德回向众生再引导自己走向内在正觉之路，从而达到念念自在、尘尘圆通的境界。佛是三界之医王，四生之慈父。佛教将来必兴的原因，应该是等待时机和地方吧。

我们宋朝皇帝统一了天下，百姓安居无事，佛教在天下的传播得以重新开始。朝廷公布新的历法，百越地区受到朝廷的恩典得以教化，这就是此寺在闽中地区得以重兴的原因啊。不然的话，哪里会发生从当时的毁佛到现在的兴佛，像今天这样鼎盛呢？这里的主导领事僧惟峭，办事颇有章法，教导僧众孜孜不倦。一开始我的邻里们一个个都来礼佛并且赞赏这里。到了端拱初年，我首次出门参加乡试，曾经在这里居住过几天。到第二年我中了进士甲科，被授予勋丞直史阁，得到假期归乡省亲，来此寺庙怀念我当年的往事。众人都说我熟悉山水之乐，了解寺庙兴废的原因，推举我出来做记事官。接到任务，我奋笔疾书据实记录，于是作铭道：

天地之气融结成万事万物。山泽秀丽以东南著称。通则为海流则为涧，青青草木披山而来。中间有佛宇，昭示着福地气象。佛禅的门户，也是使人获得正觉的道路。万物本来发自虚空，谁又能永远坚固？以大慈悲心，拔除众生之苦。瞻仰佛像的仪形，信士志在学佛的慈悲与觉悟。巍峨的月殿，重叠的云楼。几乎裂开的石径，半空飘浮的烟云。松风阵阵驱走盛夏的苦热，桂香暖暖仿佛长年金秋。真像是身在鹫岭或沃洲这样的圣地。追怀遥远的先贤，已杳然长逝。盼望他们的魂灵，驱使鬼神前来卫护。古物遗迹尚存，神灵的踪迹还如此清晰。愿其发挥佛教的教义，以启发振奋我们这遥远的边地。真人出现了，各家的道理相互汇通。诸佛来到了，教法也更加盛隆。庙宇整修一新，郡邑就在它的东面。刻石于丰碑，正昭显天帝之功。

史　话

北宋名士曾会这篇碑记又名《重修延福寺碑铭》，在《清源文献》《泉州府志》等典籍中得以完整保存下来，也为我们留下了宝贵的历史资料。碑文详细描述了延福寺（原名建造寺）的兴废历史和根由；描写了寺庙所在的山水之美及周围自然景观、人文景观之乐；也表达了自己对于佛理的理解和态度。可以说此篇是我们今天所能见到的时代最早、最全面的有关九日山和延福寺的碑刻文献。

先说九日山。由于南安本来是武荣州最早的州治中心所在地，一开始在县西南方的建造寺，到唐代大历三年（768年），移建到九日山。于是自北宋到南宋，重大的公祭基本都在这里举行，包括官府主持的祈风活动，文人的雅集也多汇集到此。故而我们今天看来一座海拔仅98米的小山，就汇集了三十六景奇观，同时“山中无石不刻字”，现保存摩崖石刻75段，包括祈风石刻13段，景迹题名15段，游记诗刻11段，登览留名29段，修建纪事7段，是古泉州海上丝绸之路珍贵史迹的代表地。其所承载的历史底蕴、人文信息真正验证了什么是

“山不在高，有仙则名”。

再说延福寺。根据碑文我们知道，其前身始建于西晋太康九年（288年），到唐代大历三年（768年），移建九日山。会昌法难时遭到破坏，大中年间又恢复。大中五年（851年）获赐“建造寺”的匾额。宋代恢复“延福寺”的旧名。最为殊胜的是，还在作为建造寺的南朝梁代，天竺僧人拘罗那陀就漂洋过海来到中国，落脚在这座寺庙，将梵文《金刚经》翻译为汉文本。其译本成为保存至今并通行且被收录于《大藏经》的《金刚经》六大译本之一。这位拘罗那陀汉译名真谛，在中国佛教历史上，与晋朝鸠摩罗什和唐朝玄奘并称三大译经家。唐代《续高僧传·拘罗那陀传》载：拘罗那陀应梁武帝之请，从扶南泛海出发，“以大同十二年八月十五日，达于南海。沿途所经，乃停两载。以太清二年闰八月，始届京邑……陈永定二年七月，还返豫章，又上临安、晋安诸郡”。这里的“晋安”所指就是今天的泉州。当然拘罗那陀落脚在晋安并译经并不是孤立的事件，2006年8月南安丰州皇冠山考古发掘的梁天监十一年（512年）墓葬中出土的墓砖上就有大量佛教人物像。[1]

《诸蕃志·天竺国》云：北宋雍熙间，天竺僧人罗护那航海到泉州，从后渚港登岸。其德行高超，泉州胡贾争向他慷慨解囊。他一物不私，集中起来，“买隙地建佛刹于泉之城南，今宝林院是也”。可见南朝至北宋时期，在僻远的晋安郡，中外佛教僧人之间的交通往来就已经相当活跃了。而由佛教交流的文献还可以发现泉州湾海上交通商贸的繁盛，应上溯到南北朝时期。说明当时我国东南沿海一带同南亚以至西亚的海上往来，便已益形发达。

其三说到这篇碑文的作者曾会。曾会字宗元，泉州晋江（今福建

1　吴艺娟：《南安县丰州六朝古墓葬群出土器物引发的思考》，《福建文博》2013年第3期。

泉州）人。宋太宗端拱二年（989年）进士，为官历真宗、仁宗朝，卒赠“楚国公”。他为北宋名臣曾公亮之父。曾会一生才华出众，但为官不显，最主要的原因，正如张方平在《曾会神道碑》中所说：“唯诚与恕，不务世求，乃与时忤，往蹇来连，多踬少迁，即潜一郡，四十五年，外虽不偶，中全所守，富贵在天，将复谁咎。”他在三十八岁那年要举家入京的时候，至延福寺访契仙上人，并题名于泉郡南安延福寺聚秀阁。他说：“余自端拱元年秋入忝乡解之首，宿是寺。二年进士及第，居甲科之二，夏四月，释褐授光禄寺丞直史馆，冬十二月，请假还乡。淳化元年春三月，揭家入京，复来于此，因访契仙上人，故志于壁，为他日乞骸东归张本也！”曾会在即将入京为官之前，就已经想好了自己为官的原则，绝不为了保住乌纱帽而违背道理，失去操守，由此可见其人品性。

还有一点值得注意的是，延福寺在宋代规模宏大，在大殿侧设有供奉海神通远王的神祠。据碑文中所说，通远王最初为永春的神人，以神力运送木材帮助建庙。南宋初李邴在《水陆堂记》中描述说：“泉之南安有精舍曰延福，其刹之胜，为闽第一；院有神祠曰通远王，其灵之著，为泉第一。每岁之春之冬，商贾市于南海暨蕃夷者，必祈谢于此，农之水旱、人之疾病亦然。车马之迹盈其庭，水陆之物充其俎，戕物命不知其几百数焉。”当时人们为了祈求海神的保佑，以动物作为祭品供奉。此段正说明通远王祠的祭祀情况。然而曾会在这篇碑文中有意淡化了海神的祭祀，重点强调了佛教的传播和义理，他说：“凡得法要，分为人师者，由大悲至岩头，由观音至朱溪，由天王至隆寿，由西庵至招庆，皆是寺所自出也。大哉如来之教，见性以成道，假相以迁善，外以因方便，内以契真实。故塔庙者摄执滞而发信根，由回向而通觉路。念念自在，尘尘圆通。三界医王，四生慈父，将必兴者，待于时，萦于地乎！”提出这座寺庙的重要意义在于对佛法的流布，教导人们觉悟自性以成正等正觉，契入真实之境，让愚昧执着的人能够发信根，让信仰的人能够走上觉悟之路。并称佛陀为三界医王，四生慈父。由此我们也可以看到宋代一般知识分子对于佛理的把握，以及希望通过文章的流传引导更多的民众走向更高层次的佛学信仰。

禅鸡冢碑

明·林如源

碑 文

禅鸡冢碑

五因山人林如源记

丰山峭雄，为泉北镇。客有携白鸡来谒梦者禅师，宗鉴戒律精严，苦祈放生，客因施于岩。师授以三皈，后每闻讽经声即对佛伏听。讽毕乃出游。客或投遗腥，辄弃去，如是者数年。崇祯庚午中秋，端伏佛前不动，就视，则坐化矣。

昔远公有听经鹅，永宁院有坐化鹊，东林寺登于碑碣，陈后山著之《谈丛》，谓其有佛性也。由今以观佛性更备，既瘗岩左，余表曰“禅鸡冢”，尝阅韦忠武《鹦鹉舍利塔记》，于今甚有合也，故仍勒其事于石。师尝畜牝牡二犬，亦不茹血荤十年，无风合孳育，并一时异事云。

庚午腊月　白毫庵居士张瑞图书

（碑在今泉州仙公山，今据原碑过录）

译 文

禅鸡冢碑

五因山人林如源记

丰山陡峭雄伟，为泉州北边的要地。曾有香客携带一只白鸡来拜见梦者禅师。禅门中戒律精严，禅师苦苦祈求他将白鸡放生，于是这人便把白鸡放生在白水岩寺。禅师授予白鸡“三皈依”，使之入佛门。自此之后，白鸡每听到诵经之声，便对着佛像恭敬倾听。诵经完毕，它才到山中悠游觅食。有的香客投食腥荤，白鸡就弃之而去。这样的情况持续了许多年。崇祯庚午年（1630年）中秋，白鸡端伏于佛前一动不动，靠近去看，它已经安然而逝了。

过去庐山慧远公有听经鹅，永宁院有坐化鹊，都刻在东林寺的石碑上，陈师道也将其写入《后山谈丛》这本书中，称这些动物都是有佛性的。如今我看到白鸡更是具备佛性，于是就将白鸡埋葬在白水岩寺的左边，称其为“禅鸡冢”。我曾经读过韦忠武《鹦鹉舍利塔记》，与今日所见之事相符合，因此把这件事刻在石碑上。禅师曾经饲养牝牡二犬，不吃腥荤十余年，也从没有交配孳育的行为，这也称得上是当时的异事。

庚午年腊月　白毫庵居士张瑞图书

史　话

明代后期，佛学深入民间，成为普通人日常生活的一部分。这则碑文于明崇祯三年（1630年）刻在偏远的泉州府马甲镇（今属泉州洛江区）双髻山白水岩寺的石碑上，就记录下一个普通得不起眼的历史细节，其中涉及林如源、张瑞图这两位乡贤，涉及仙公山上的一座寺庙。1992年白水岩寺重修后，《禅鸡冢碑》存于仙公山朝天观，是现存仙公寺内两方重要的碑刻之一。

碑文为林如源撰写。林如源（1576—1648年），字维清，别号五因山人。明晋江岭后（今马甲暗林）人。他自筑居所称“五因”，意思是“因山因水因树因石因先人”（《泉州府志》卷五十四），一生嗜好读书，无意功名，“自十三经二十一史以迨诸子百家，博闻强识，老至不知，遍借书籍，录其佳话”。（《泉州府志》卷五十四）他与何乔远是叔侄关系，张瑞图也是他的姐夫。张瑞图所作《寄题林尔三妹丈五因山房》描述林如源的为人说：“我生赋性颇崎崟，杜门却扫镜湖阴。足迹经年绝城市，时纵或至非其心。城市中人好权势，称量炎冷到锋针。词客不作一钱直，志士不忘入山深。林子雄姿复紧脑，其齿虽未风格老。酒酣白眼看苍天，向余夸说山居好。”所著有《五因闲钞纲目集》《何司徒佳话》《史评》《八闽名山志》等，其中《何司徒佳话》是记载何乔远事迹的珍贵资料。

碑文的书写者为张瑞图（1570—1641年），字无画、长公，号二水，别号白毫庵居士，明晋江二十七都霞行乡（今青阳镇莲屿下行）人。万历三十五年（1607年）进士，历官建极殿大学士。著有《白毫庵内篇》《白毫庵外篇》等。由于他也为魏忠贤写了祠堂碑刻，故《明史》记入“阉党”。然他究竟是衷心归附魏忠贤，还是明里虚与委蛇，暗中帮助需要帮助的人，实际上是有争议的。但我们必须看到，张瑞图的书法堪称明清闽南书法的代表。他被称为明代四大书法家之一，与董其昌、邢侗、米万钟齐名，也有“南张北董”之号。崇祯三年（1630年），张瑞图被遣归，隐居晋江青阳下行故里，经常往白毫庵中与僧人谈论禅理，以诗文翰墨自娱，留下大量书法及诗歌作品。

经过梳理可以看出，林如源本来隐居山林，不问世事；张瑞图在崇祯三年（1630年）被罢归家乡，也隐居度日。当时林五十五岁，张六十岁，就这样常常相与谈论，获得浮生的乐趣。《禅鸡冢碑》正是在这一年写就，应该并非应酬之作，而是结合自身的人生体验，描写日常生活中关于佛理交流的一个场景。

《禅鸡冢碑》短小精悍，要言不烦，究竟蕴含了何种深意、何种指向却并未明说，唯在读者自加寻味。正如文中所引用的唐代韦皋所作《鹦鹉舍利塔记》一文中所说："而况此鸟有宏于道流，圣证昭昭，胡可没已。"白鸡也有佛性，也能证悟佛理，这实际完全是在禅宗、净土所说众生皆有佛性、皆可成佛的中国化佛教语境中的言说了。传说朱熹在泉州题有"此地古称佛国，满街都是圣人"的话，朱熹为何称赞此地为"佛国"？除了民风的淳朴，此地自西晋以来与古印度之间的佛教文化相互交融，已经形成了一种佛教中国化的文化形式，而且其中始终存在着对自我求证、自我证悟的高层次佛法佛理的追寻。

第四编　惟兹望郡，首建学宫

泉州重建州学记

宋·张读

碑　文

泉州重建州学记

左朝散大夫前主管江州太平观张读撰

资政殿学士左中大夫提举临安府洞霄宫李邴书

左朝请郎提举福建路茶事常平等公事兼市舶赵奇题额

清源郡学以绍兴丁巳闰十月甲申重建，越明年戊午三月乙丑讫功。教授正录率生徒连镳方驾，惠访蓬荜。读疲惫岑寂，初不知何以取此，倒屣迎肃方汗骍间，乃辱属记新学之本末。顾气衰才尽，避席再四，不克辞，谨采摭而叙之。

维学官（编者按：官，《泉州府志》作宫）之建，在州城南之东，门直于庚，以阚通衢。擅山川之壮气，践槐衮衮，元勋伟节，世有名人。厥后太守高侯逞私憾，迁而西之，衣冠遂减畴昔。鼓箧来游者，每愤惋焉。舍法之初，升养士之额，厥地褊迫，不足以容冠屦。大观三年，乡先生龙图柯公述解组还第，徇枌榆之舆情，审芹茆之故址，乃扣州牧，自西而东，今学是也。

然广轮虽延袤，而基失庳下，时雨浸淫，坏屋壁者娄（编者按：当为“屡”字）矣。加之行门隙地，已给编户，未仍旧贯。生徒讻讻，至兴狱讼，竟以居民高资，沮格不行。不获已径，委巷而出。士气伊郁，积年于兹。绍兴丙辰冬，富沙刘公子羽，以忠孝名家，清华重望，抗请乡邦便养，来曳泉山之绂。坐席未温，已大播桃李裤襦之谣，铃斋余暇，解榻优贤。适以上丁从事于学，前期斋瀹，裴回周览，悯馆舍之颓隘，进诸生而告之曰：“学校不修，太守之责也。时虽间关，讵忘俎豆乎？”遂有经营之意。

会有甘泉庵没财，鸠工市木，命浮屠惠胜等掌之，委教授戴纬、驻泊张谨董其事。增庳而高凡二尺余，殿俨其中，螭蟠翚展。从祀修廊，以翼左右。为堂二，以集讲论。斋十有二，以分肄习，职事位亦如之。御书有阁，祭器有库，祠房燕亭宾次庖廪之属，一新轮奂。又赎庚门旧地，以揖紫帽之峰，横跨石桥，因南溪支流入自巽方，遂凿长河，浚青草池，内潮汐于桥之下，则学宇告备矣。教官廨舍，在学之右，乃衿佩函丈之地，亦广而新之。阅十旬毕工，靡金钱五万余缗。公帑民力，无丝豪扰。父老士民，乐输金以犒役。

既成，车盖填壅，万口一词，以为东南壮观。虽璧沼贤关，规摹不专美也。先是，兴役之际，熊轼娄（编者按：当为“屡”字）临，趣工弥切，至忘寝食，因感微恙，而方技之流谓岁星日直薄有咎，证公慷慨敢为，初不涓择，以招无妄。神介正直，指日视事，而公力匄宫祠，士子愿借留，不克从欲，无由报万一。营生祠于讲堂之左，岩岩清峙，庶几朝夕景仰焉。

读尝闻鲁侯修泮宫，当时有史克颂之；郑侨不毁乡校，后世有韩愈颂之，并能流芳古今，学者慕尚。矧惟雄伟不常之功，超鲁跨郑，芜累匪工，辄希二颂遗文，以揄扬之。因托名不泯，谨蘸笔作颂云。颂曰：

赫赫清源，甲于闽山。有屹其巘，有澄其渊。地灵人杰，龙虎旧传。差肩蕴藻，炜烨青编。我宋龙兴，化被幅员。兹惟望郡，首建学官（编者按：官，《闽书》作宫）。卜云其吉，雉城东偏。公卿纷沓，誉蔼中原。高侯逞憾，乃西徂迁。中虽克复，未正门阑。士气不振，殆几百年。韪矣刘公，忠义蝉联。辍自紫橐，来拥朱轓。雍容才刃，视牛无全。钧礼韦布，载笑载言。时惟上丁，斋戒吉蠲。顾盼廊庑，蠹楹圮砖。恻然动色，予职承宣。学校不修，又谁咎焉。屡入意匠，乃趣工班。材如云委，杞梓楠楩。百堵俱兴，如飞如翰。门直于西，前揖紫烟。石梁雄跨，虹卧清涟。江山增丽，亘古无前。青衿感慨，淬砺龙泉。鹏抟鲲化，春榜拿先。遵孔蹈周，密勿朝端。何以报之，绘像岩岩。我公之德业兮，拂日戾天；我公之福履兮，方至犹川；我公之眉寿兮，超百弥千；漫叟作颂兮，托青瑶镌。

寄理左从事郎充州学教授戴纬立　刘师岳摹镌

（录文据原碑拓片，残损处据《闽中金石略》卷八补。原碑在今泉州文庙）

译文

泉州重建州学记

左朝散大夫前主管江州太平观张读撰

资政殿学士左中大夫提举临安府洞霄宫李邴书

左朝请郎提举福建路茶事常平等公事兼市舶赵奇题额

清源郡郡学在绍兴丁巳（1137年）闰十月甲申日开始重建，到了第二年三月乙丑日完工。州学教授、学正、学录率领学生们驾着马车到寒舍来拜访。我此时疲惫寂寥，一开始不明白他们为何事而来，于是慌忙恭肃出迎，站在赤色的马儿中间不禁涔然汗出。原来他们想让我撰文来记录新建州学的始末。考虑到自己气色衰弛，江郎才尽，退让多次，终究不能推辞，只好选取一些情况来叙述了。

泉州州学的建址，在泉州城南的东面，大门正对西面，可以直视四通八达的道路。这个地方独揽山川的壮丽气魄，历代出了许多权高三公九卿、功勋卓著有伟大名节的人。其后太守高惠连为了逞一己私欲，将州学向西迁移，士子学人较以往大为减少。负箧求学而来的生徒常为此深感愤恨惋惜。元丰年间开始实行三舍法取士的时候，朝廷提高培养人才的名额，然而新搬的地方偏僻狭小，实在不足以容纳那么多学生。大观三年（1109年），乡贤龙图阁大学士柯述辞官荣返故里，他顺从故乡当地的百姓舆论所向，实地考察了州学的故址，于是拘押了徇私的太守，把州学从西迁回东边，也就是今天这个位置了。

虽然学宫的土地面积延展开了，但是它的基座失衡低矮，雨季积水浸泡，房屋墙壁多有坍塌。加上学宫正门外的空地，也已经给户民们居住，没有根据以前的惯例交还学宫。学生们一时意见很大，到了和百姓立案诉讼的程度，最后竟因当地居民出高价阻挠而作罢。因为拿不回来以前出门行走的土地，学生们只好每天从小巷子里进出。于是士气低落，郁积至今。绍兴丙辰年（1136年）冬天，来自富沙的刘子羽大人，出自忠孝名门，门第清高显贵，他向上请求回到家乡附近做官以便养亲，因此来泉州任郡守。上任不久，所作所为已经在民间得到了很多的赞誉。他办公之余有闲暇，就热情接待贤士。正好赶上太守本月上旬参加祭祀孔子典礼，祭祀前他去洗手时在学宫内四处观看，对学宫内房屋如此颓败狭隘而感到怜悯，于是召集学生告诉他们："学宫没有得到修缮，是我太守失职啊。现在虽然条件艰苦，难道我们还能忘了祭祀之礼吗？”这时候太守已经有了筹划重建的想法了。

这时候恰巧有甘泉庵充公的钱财，太守于是召集工匠、买来木材，命令惠胜和尚等人执掌这件事情，并且委托教授戴纬、驻泊张谨进行监督。他们把低矮地方的房基增高二尺有余，大殿威严矗立在学宫中间，雕梁画栋如螭龙盘踞、如翚鸟展飞。根据祭祀的要求修建长廊，以护翼左右。又造堂两座，用来召集学生互相学习讨论。又造斋房十二座，用来当作学生学习的地方，学宫的管理人员也有地方安置。与皇帝有关的圣旨、图书有专门的阁楼来储存，祭祀用的礼器有专门的库房来安放。像祠房、燕亭、宾次、庖廪等类，都一一换新了。学宫又赎买回原来庚门的地方，可以揖拜紫帽之峰，横跨学宫门前的石桥，因有南溪的支流流入东南方，于是开凿一条长河，修浚青草池，将潮汐水引导从桥下通过。这样整座学宫的建筑就完全齐备了。教官的宿舍在学宫的右边，这里是学生向老师们请教的地方，也都扩大翻新了一遍，经过一百天才终于完工，花费金钱五万多缗。公家出钱，民众出力，没有丝毫侵扰地方。父老乡民士人，都乐于捐款用来慰劳工人们。

完工之后，学宫门口的车马堵塞了街道，人们全都异口同声称赞这学宫真是东南的一大壮观建筑。只因为这里是学子求学上进的地方，规制谋划不专门在追求华丽上。早先开始兴建之时，太守多次来到工地视察，督促工事极其细致，以至于废寝忘食，因此感染上小疾，但是那些医卜星术之徒却说太守有过错犯了太岁。这正证明了太守志气昂扬，敢作敢为，一开始没有依靠那些医卜星术之徒去选什么良辰吉日，以此才招来无妄之灾。神也会帮助正直的人，看待事情都能公正客观，而太守因此遭受凶灾得罪宫观使，士子们都希望留用他，然而没有成功，人们因此无法回报太守的恩德于万一，于是在讲堂的左侧为太守建造了生祠，他的造像威严耸立，人们得以朝夕瞻仰。

我曾经听说鲁侯翻新泮宫，当时有一个叫作克的史官去歌颂他。郑国的子产不废止乡校，后来有韩愈去歌颂他，他们都能够流芳古今，使天下所有学子仰慕推崇。况且今天太守这般雄伟不寻常的功劳，早已经超越鲁郑两国，只是缺少像《匪工》《辄希》这两篇颂文一样的文章去宣扬太守的事迹。因此我借着太守的功劳，郑重地拿起笔写下一篇颂。颂曰：

高大的清源山，为闽中诸山之冠。它的山峦高耸重叠，它的山渊清澈澄明。真可谓地灵人杰，欧阳詹荣登龙虎榜世代相传。才华比肩，文词晓畅。我宋龙兴，人文之化遍布海内。泉州这个望郡，率先建起学官。占卜吉地，就在都城之东。此后走出多少公卿，中原都赞誉此地的人才兴盛。高侯惠连因逞私憾，才将其迁到西面。中间虽然得以迁回，但门阑都被堵塞歪曲。因此士气不振，差不多一百年的时间。伟大的刘公子羽，出身于忠义之家。退自高位，来掌郡职。他从容治郡，游刃有余。对待平民也恭敬有礼，把手言笑。当时正赶上上丁日习礼，刘公亲自斋戒沐浴参加。来到之后看到这里破败狭隘，不禁恻然动色，向大家保证，定然要承担起整修的责任。于是屡次召集工匠，督促工班。选取上好的木材，杞梓楠梗。建筑群飞一般地耸起。正门直对正西，前可揖拜紫帽山烟霞。石桥雄跨沟渠之上，宛如长虹卧清涟。江山由此增丽，简直亘古无前。青衿学子感慨万千，更加砥砺向学。希望他们都能像鹏鲲一样，在春榜上留名。遵从孔子、周公的足迹，成为对朝廷有用的大臣。如何报答刘公的恩德？将他的画像绘于岩石，顶礼膜拜。我公的德业，可称为与日月齐光；我公的福气，就像源源不断的大川涌至；我公的眉寿，超过百岁满千岁；老朽作此颂，镌刻青石以托不朽。

寄理左从事郎充州学教授戴纬立石 刘师岳临摹镌刻

史　话

“学校之设，以培人才而固邦本。广以习之，优以赡之，拜圣亲师，严以约束之。”（乾隆《泉州府志》卷十三）隋唐科举兴起以来，各省域包括福建都有一定规模的官学，州有州学，县有县学，这些规模体系不一的官学往往与孔庙结合在一起。各府县在兴建孔庙的同时，大都会在孔庙内或周边建设学宫，形成庙学合一的教育体制，作为“海滨邹鲁”的泉州自然也不例外。

泉州州学历史悠久，据《闽书》记载，唐时即在衙城之右建鲁司寇庙，祭祀孔子，由张九龄书庙额。北宋太平兴国三年（978年）郡守乔维岳“始迁崇阳门外之东南”，即今址。太平兴国七年，郡守孙逢吉“即庙建学”，泉州州学从此诞生。之后的历史进程中虽屡有兴废，但庙学一体已成定制。

这篇张读所撰《泉州重建州学记》又称《泉州重建学记》，今置于府文庙内。该碑刻材质为黑页岩质地，拱顶，石碑下部破损，左侧有缺。碑面尚完好，碑刻文字除下部略有缺佚外，绝大部分均清晰可见。字体端庄秀丽。该碑约刻于宋绍兴八年（1138年）三月，碑文为张读撰，李邴书，赵奇题额，讲述了泉州州学自北宋至南宋变迁的历史。其中重点叙述的是北宋始建的学宫本来位于州城南之东，门对通衢，山川在目，宽敞方便，景色宜人，培养了不少当世名人。但后来郡守高惠连因一己之私，将学宫迁建，从此衣冠遂减，学风不振，士子心怀不满。到北宋大观三年（1109年），郡人柯述又将州学迁回旧址。然而其地颇被侵占，学生仍出行不便，校舍狭小简陋。至南宋绍兴六年，刘子羽任泉州郡守，重建学宫，终于解决了积年的教育场所问题，从而深得耆老学子的感戴。

经由这篇碑文，结合方志文献，我们可以尽量去还原刘子羽主持重建的泉州州学究竟是怎样的一种格局结构。首先，“增庳而高凡二尺余”，即相当于整体上抬高了将近0.7米。其次，学宫前凿河道，上修石桥，并修青草池，以疏纳潮汐，从而解决了地势低、潮湿的问题。再次，据《闽书》称绍兴七年（1137年）刘子羽重建为“左庙右学”，其后府县志皆相沿其说。然而据此碑文，“殿俨其中，螭蟠翚展。从祀修廊，以翼左右。为堂二，以集讲论。斋十有二，以分肄习，职事位亦如之。御书有阁，祭器有库，祠房燕亭宾次庖廪之属，一新轮奂”。则当为“学在庙中”的格局。正中为大成殿，两侧翼以长廊，左右长廊中有两间是讲堂，有十二间教室，有教授室。此外附属建筑有御书阁、祭器库、祭祀房、燕集亭、厨房、廪厕之类。此次修建花费金钱五万余缗，应该说是一次史无前例的大规模修缮。众所周知，南宋初建炎年间，管理赵氏皇族的南外宗正司迁入泉州。这是继市舶司设置之后，泉州地位的进一步提升。随之而来的是教育规模和水平的提升。此次州学大修正是在这样的历史背景下进行的。

碑文作者张读（1066—1145年），字圣行，为宋绍圣四年（1097年）进士，是安溪县第一个进士。曾任泉州通判，晚年更无意仕进，隐居在晋江。张读工文辞，闽中碑碣多出其手。撰写这篇碑文时，张读已经七十二岁高龄。李邴（1085—1146年），即李文肃公，字汉老，号云龛先生，山东济州任城人。晚年辞官南下，定居泉州17年，与当地名士黄冠、张读等交游。著有《草堂后集》一百卷。题额者赵奇，由于史料没有过多记载，只知道其官职为“左朝请郎提举福建路茶事常平等事兼市舶”，其他的无从考证。

碑文中所提到的两个人，一个是高侯即高惠连。他将州学从东南方迁往府城西边且狭窄压抑的地方，使得府学的教育受到极大的影响。据《泉州府志》载：大中祥符四年（1011年），高惠连“以私憾迁府学于郡西，击断石笋为二”。所谓私憾，就是高惠连的祖父任泉州通判军州事时，汀州山民聚众造反，他的祖父领兵镇压而遇敌阵亡。后来，高惠连知泉州，想要将祖父入乡贤祠，遭到泉州缙绅强烈反对。于是，高惠连心怀愤恨，利用职权强行将州学从府城东南的三教铺（即今文庙址），迁到西北边的今庄府巷的育材坊，还将位于泉州新门外浮桥附近的石笋击断为两段。当然《安海志》记载了另一种说法，即在高惠连任职泉州知府时，他看州学的地势较低，内里环境潮湿，下雨天常被洪水浸潦，于是把州学迁往了地势比较高的育材坊。但是后来生源减少、教育质量下降等问题出现，这些被归罪到了高氏的身上。熙宁二年（1069年）王安石在为高惠连撰写的墓志铭中就认为高惠连在泉州的教育举措是成功的，他说："泉为多士，或以为兴学之所致也，士者德之。"

另一位则为促使州学得以重建、扩建的重要人物刘子羽。刘子羽（1096—1146年）字彦修，建州崇安人，资政殿学士刘韐长子。绍兴六年（1136年）知泉州。通过这篇碑文，我们知道刘子羽在泉州为官的一两年时间里，运用巧妙的智慧，解决了州学的问题，完成了州学的重建和扩建。可以说在乡人耆老们的眼中，有着崇高的威望和德能。然而在正史中却很少提到如此详细的历史过程。据《名臣碑传琬琰集》下集卷二三收录的张栻撰刘子羽墓志铭中也只是说："朝廷欲遂用，公顾亲年浸高，力请归养，以徽猷阁待制知泉州。泉素难治，番商杂居。公下车肃然，无敢犯。有事涉权幸者，立论奏厘正之。亡何，张公去位，言事者观望，论公复责散官安置漳州，以郊祀恩得归。会江上择守，起公为沿江安抚使，知镇江。"与刘子羽一生的众多经历相比，在泉州重建扩建州学，只是他政治生涯中一件很小的事情，但是对泉州的士子和本地的缙绅来说，却是一件天大的事情，从张读与李郁两位年长宿儒联名撰碑就可以看出其重要意义。

泉州路学大晟乐记

元·杨应子

碑文

泉州路学大晟乐记

泉学士风最盛。国朝崇儒重道，教养并举，故于今尤济济然。太中大夫总管李侯贤翼，政本于教，士民爱之。亦既四载，其于学事靡不用情。先是，祭器之未备，侯倡致用，院官同捐己财，易竹木而为铜者二百六十六事，依合古式，以严祀奠。善类嘉尚，形于歌辞。此去年之冬也。

今年春正月，江浙等处行中书省所委整治学校官林君坤之来泉，庙谒间，侯请之曰："每岁春秋二丁，礼虽举矣，而大晟之乐未之闻也，非阙典欤？按政和之所颁，侯按察之所定，与夫福学之所行，互有稽焉。泉之视福，其犹邹鲁也。知乐者莫子若，述而作之，是在子□□□□不敢后。"林君慨然究心，于是钟磬、琴瑟、笙箫、埙篪、柷敔、搏拊，大小长短毕备而中度焉。选乐生及登歌者百十余人，教以乐音，作止疾徐，合奏而中节焉。其钟之夷则、中声、黄钟清者得之故相留公之家，似有所待。又增祭服若干件，其费则侯偕同知显武重福、治中昭信塔里牙赤、府判傅奉训泽、推官成承务汝楫、杨承务彦祥、知事张元亨、提控按牍李晋、杨茂，凡府之在职，洎夫司县之官属，各助俸一月。万户显武孙侯天有乐于致助然。学之士亦皆捐俸，辍月供之一，余皆尽出于侯，宣阃宪司闻而是之。任其劳者，学正权学事陈天赐。分其劳者，晋江教谕冯深道、经师王伯琦、司服季谦甫、司器陈丞伯。逾月告成，而林君之能事毕矣。

仲春越七日丁未，有事于先圣先师，八音克谐，通乎神明，洋洋乎盈耳。观者莫不改容，欣欣然而相告曰：“此则我侯之为，甚盛举也！见所未见，闻所未闻。”自今以始，器文粲然，传正音于千载，赞圣宪于万世，示吾道于斯民，又岂但系一州之观听而已。嗟夫！今之为政者，多缓其所当急，急其所当缓。兹侯之为，知所当急矣。

盖乐也者，情之不可变者也；礼也者，理之不可易者也。其严其和，交相显明。自古迨今，不可阙一，而况当此盛明之世，而用之于夫子之殿庭者乎！昔也废，而今也兴；昔也阙，而今也备，其事神也敬，其感人也深，其移风易俗也易。《传》有之曰：“礼乐兼得，谓之有德。”于是乎书。

今年实大德十年，岁在丙午二月日，承直郎前提举福州路福清盐使司事杨应子记。江浙等处行中书省所委官林坤书。从仕郎泉州惠安县尹兼劝农事赵孟籲篆盖。将仕郎泉州录事杜嘉立石。

（碑文据拓片整理，缺字处参考乾隆《泉州府志》卷十三。原碑在今泉州文庙）

译文

泉州路学大晟乐记

泉州士人崇学风尚最盛。本朝尊崇儒学，重视儒道，教育与涵养同样重视，所以到了今天人才济济。太中大夫泉州路总管李侯李贤翼，施政植根于教化，深受士大夫和百姓们拥戴。他在泉州任上已经有四年了，任职期间对于教育事务无不用情投入。在此之前，学宫里祭祀的礼器没有完备，李侯倡议在这方面要落到实处，于是学府官员们共同捐出自己的钱财，把二百六十六件竹木做的礼器换成了精铜制造的，样式都依照古代的典制，这样祭祀起来就显得十分庄严肃穆了。大家无不赞扬这种美事，写下歌辞来记述、颂扬。这些都是去年冬天的事情了。

今年春天正月，江浙等处行中书省所委托整治各地学校的官员林坤大人到了泉州，谒拜孔庙的时候，李侯向他请示说："每年仲春仲秋两个时节祭祀，礼制虽然是得到推行了，然而祭礼当中的大晟之乐却没有，这难道不是典制的阙漏吗？如果按照北宋政和年间颁布的大晟乐，李侯仔细查考所制定的雅乐和福州府学所实行的，相互佐证。泉州之于福州，就像邹和鲁的关系一样。懂得乐典的莫过于林坤大人了，如能在前人的基础上不断创新典制，一定是具有领导风气意义的。"林坤大人慷慨爽快，用心办理此事，于是钟磬、琴瑟、笙箫、埙篪、柷敔、搏拊等乐器，大小长短一一备齐，又能合乎标准，恰到好处。又挑选习乐的学生以及演奏者一百多人，教授他们乐音，动作举止都要符合乐音的节奏。那些清雅的钟器如夷则、中声、黄钟等，从曾经的贤相留正的家中得到，这好像是等待着我们去将他们利用一样。另外又增加祭祀用的礼服数件，这些东西的费用则是李侯偕同泉州同知显武重福、治中昭信塔里牙赤、府判傅奉训泽、推官成承务汝楫、杨承务彦祥、知事张元亨、提控按牍李晋、杨茂，上到泉州府在职的官员，下至司署县衙的官员属吏们，都资助出一个月的薪资。万户显武侯孙天有也乐于捐金资助。学宫里学习的士人，也都捐献出自己的俸禄，停止自己一个月的月供，其余的钱财都是李侯自己一个人出的。宣阃宪司听说了这件事情之后大加赞许。担任这个项目的负责人是学正权学事陈天赐，分管负责的人有晋江教谕冯深道、经师王伯琦、司服季谦甫、司器陈丞伯。一个月后完成，而林坤大人所擅长的事情也完成了。

仲春二月初七，祭祀至圣先师孔圣人，所有的乐声和谐完美，以至于达到了天人感应，美善的乐音洋洋盈耳。观看的人们无不为之动容，欢欣喜悦地奔走相告说："这是我们李贤翼大人的举措，真称得上是蔚然盛举啊！我们见到了从来没有见过的礼仪，听到了从来没有听过的雅乐。"从这时候开始，泉州的礼器仪文无比光彩，这些雅乐正音必将流传千载，让万世后的人们都能赞美圣德，又向我们泉州百姓传递了儒学的根本道理，这绝不只是关系到一个州郡的典制礼乐的观赏。唉！现在这些为官的人，百姓所急的事情他们偏偏拖延，百姓不急的事情他们偏偏干得勤快。我们李侯却不一样，他最了解什么才是紧要的事。

所谓乐，崇尚和谐，是人的情感中最永恒的形态；礼，合于道理，是世间道理中最不可更易的。礼乐两者相互和谐的配合，彼此的义理都更加清楚明白。从古至今，礼乐两者不可缺一，更何况现在欣逢盛世，而应用于孔夫子的文庙当中呢！过去被废弃的，今天兴起了。过去缺失的，今天都齐备了。我们祭祀神灵就会愈加恭敬，感化世人也愈加深切，移风易俗也愈加容易了。《礼记·乐记》中说："礼乐的精义都能得之于心，则称为有德。"我于是写下这篇文章来。

今年是大德十年（1306年），即丙午年二月的某天，承直郎前提举福州路福清盐使司事杨应子记。江浙等处行中书省所委官林坤书。从仕郎泉州惠安县尹兼劝农事赵孟籲篆盖。将仕郎泉州录事杜嘉立石。

史　话

北宋政和三年（1113年）五月，诏颁大晟乐于天下，旧乐遂禁。当时宋徽宗手诏曰："比诏有司以大晟乐播之教坊，按试于庭。五声既具，八音始全。无怨滞焦急之声，有纯厚皦绎之美。朕奉承圣谟，立政造事，昭功继志，一纪于兹。乃者玄圭告成，今则雅乐大备。"（《宋朝事实》卷十四）又大观四年（1110年）八月丁卯《御制大晟乐记》云："于以荐坛庙，和万邦。与天下共之。乃按习于宫掖，教之国子，用之太学，辟雍，颁之三京四辅，以及藩府焉。"根据这些材料，我们可以知道，大晟乐，正是用于祭祀、吉礼乃至学宫礼仪中的雅乐，经北宋大观、政和年间重新制作，称之为大晟乐，并颁布于天下。随着元朝的建立并入主中原，原有的文化体系遭到破坏。然而这篇撰写于元代的关于重建文庙当中礼乐器具及文化的碑文，则为今人提供了元代文化的真实形态与泉州地方儒学文化重建的可贵资料。

碑文中提到，泉州路总管李贤翼，有鉴于大晟乐在府学教育和祭祀典礼中的缺失，于是邀请精通音乐的负责整治学校的官员林坤按照北宋政和年间颁布的大晟乐，借鉴福州府学所实行乐制，在泉州的州学中制定和推行大晟乐，即继续沿用政和年间由中央所颁布的普遍使用的大晟乐。并且文中也提到泉州与福州，就相当于儒学文化最为兴盛的邹与鲁。从中我们看到了蒙古族入主中原之后，在文化政策方面对中华传统文化的延续性。陈棨仁在《闽中金石略》卷十四中说："元乐自大德已后悉因宋旧，虽有世祖所定大成乐，亦无复肄业及之矣。此碑立于大德十年（1306年），正江浙行省考定乐制之时，而林坤以属官来泉，泉人因请其定乐，故即以所见诸江浙者施之泉，并名亦仍宋旧耳。"

又碑文中提到，在府文庙大晟乐重建的过程中，共同推动这件事的力量来自社会的各个方面，包括江浙等处行中书省所委托整治各地学校的官员林坤，太中大夫泉州路总管李贤翼，泉州同知显武重福、治中昭信塔里牙赤、府判傅奉训泽、推官成承务汝楫、杨承务彦祥、知事张元亨、提控按牍李晋、杨茂，上到泉州府在职的官员，下至司署县衙的官员属吏们。担任这个项目的负责人是学正权学事陈天赐，分管负责的人有晋江教谕冯深道、经师王伯琦、司服季谦甫、司器陈丞伯等。就连宋代宰相留正的家人也奉献了家藏乐器。追随蒲寿庚，参与蒲氏“导元倾宋”的孙胜夫之子孙天有也积极捐资赞助。之所以不厌其烦地罗列众人的名字，正在于说明改朝换代的背景下，不同社会力量仍能凝聚在礼乐文化这个绵延不绝的儒学统脉之下。这也从侧面反映出，所谓“崖山之后无中国”，异族入侵导致文化断裂等说法，都是难以成立的。

碑文中还引用《礼记·乐记》之文，提道：“盖乐也者，情之不可变者也；礼也者，理之不可易者也。其严其和，交相显明。自古迨今，不可阙一，而况当此盛明之世，而用之于夫子之殿庭者乎！昔也废，而今也兴；昔也阙，而今也备，其事神也敬，其感人也深，其移风易俗也易。《传》有之曰：‘礼乐兼得，谓之有德。’”礼乐的本质不在于玉帛钟鼓等形式，更在于陶冶性情，移风易俗，从而回归心灵的和谐，天人的和谐。在元代的碑文中，这一点显然被牢牢地把握住了。

碑文的撰写者是“承直郎前提举福州路福清盐使司事杨应子”。书写者是“江浙等处行中书省所委官林坤”。杨应子等人将文化守护者的宣言宣之于口，刻之于石。从文章的角度来说，其文条理清晰，立意高远，指出恢复大晟乐将“传正音于千载，赞圣宪于万世，示吾道于斯民，又岂但系一州之观听而已”。从碑文书法上看，运笔清丽遒美，意蕴兼备，陈棨仁称其“介于信本登善之间，殊可尚也”，以比肩欧阳询、褚遂良。

泉州府儒学修造记

明・王慎中

碑　文

泉州府儒学修造记

孔子之道，其大莫能为之外，而为其内者之物，盖亦详矣。宫室服器，所以为吉凶之用，等杀品节，不可僭逾。而菲窭废缺，又谓之不备。筵常伸缩，章就少多，觚圜弇哆之薄厚浊清，犹必有法。而形象名貌，于以体撰二仪，类仿百物，则显道章教，尤于是乎在。孔子殁，而斯人赖以长存。其义之难知，或明或否，而可陈之数如此其详，犹足以生养斯世之人于无穷。故后之报孔子者，亦以其所详之物，施于崇奉术飨之间，极美致多而不为逾，思以称其报而有所不足也。盖今之学宫栋宇之制，拟帝王之居，而服器之有事于庙者，以天子之礼乐，无以复加其盛矣。然其事领在有司，岁月传承之久，而或由于菲窭以苟具，甚或缺而不完，废而不举，则一物之细，而亦谓之未备也。

泉州儒学，其地据郡之兑方，最胜而广袤。先师之庙，明伦之堂，巍栋华宇，甲于闽中。途辟四轨，墙高数仞，则礴圮圬剥，往往有之。修廊穹门或棂疏滮朽，扃钥蠹脱，而唐除澶衍，潦之所钟，暑雨盛集，泮水上滥，侵阶及序，则褰齐濡足以升堂，士者病之。樽罍、彝洗、簋簠、俎豆具善，而舟幂、棜禁、房跗有黧敝不全者，编悬之簴有栒刓牡甘设而不固者，是皆出于菲与缺，而不得谓之备也。

顾官于斯者，曾莫以为意。华亭唐君次梁尧宾来为教授，瞿然谋之士者，以告有司之难为患也。君独任以已，览观礼器，周视庙堂、门途，得其漶脱圮剥，与夫窳刓不全不固者，以次治之。攻工考式，菲窭者丰，而废缺者具矣。高泮水之梁，以出痹洳，而栏其四旁，表外门之树塞，以起入学者鼓箧之喜心。墐窦窒径，无使得邪侧蹊学而行。堂上丹黝，焕乎明新，尽改昔观。日课月试，旧尝待诸生集，始索几于衢路。今惟携卷以入，则坐凭之具不移而俱足。凡有事于学中之物，可谓详矣。因阅郡志，有宋名守梅溪王公夫子泉咏诗，访而得之，碣于泉隅，以存先烈之风迹。而刻诗于其石，约其费为不少矣，而皆出于君之禄。可谓知急当务之所急，而为人之所不能为矣。君不自以为功，而诸生必欲记之。学官之职，知教人而已，此非职之所有事也。君其为逾职而过有所为乎？夫语其费之所出，君诚过其职矣。语其事，则职之所宜为，而非过也。

将以习士者于道德之实，则礼乐之用为先矣。而宫室服器，圣人所以详为其物者，道之物也。陟降出入，作其对越，游居聚处，敏于藏修。濯溉奉持，而肃敬萌生；考击蹈舞，而和乐交畅。则一形象一名貌，莫非道德之实。苟小有不备，非独有事于庙中、堂上之所急，而士者将缺其所以为学也。君不惮损已而孳孳谋之，智固有以及此与？是可记也。

嘉靖丙辰七月既望，太中大夫河南布政司参政前进士郡人遵岩王慎中撰。（编者按：下门生同立石略）

（原碑在今泉州文庙，今据拓片录文）

译文

泉州府儒学修造记

孔子的道，其大无外。然而其内在所包之物，也是非常详尽的。像宫室服器，是在祭祀中使用的道具，使用起来有严格等级品阶之分，绝对不可以僭越。如果这些东西都是废弃且残缺的，这就叫作不完备。供人跪坐的竹席尺寸的长短，奏乐章节的增减，祭酒的薄厚和浊清，都有相关的准则。然而事物的形象名貌，都出自阴阳二仪，与万物相仿相类。那么彰明显著的大道教化，就存在于这些器物典制当中了。孔子死后，他的道德教化正依赖这些而存在。其中所蕴含的道理虽然难懂，有些清晰有些晦涩，然而能够保存下来的数量如此详尽，这足以蓄养此世之人以至无穷无尽。所以后来回报孔子的人，也是将这些详细的器物，应用在祭祀当中，这些器物极其精美而不逾矩，反而却觉得这些回报还不够。看今天这学宫的建造制式，是模仿帝王的住所来设计的，并且祭祀用的服装器具，也都是仿照天子所用的礼乐典制，所用已经辉煌到极点了。然而这些器物却是由具体部门来管理，传承的时间一久，有些器物因破败而将就使用，甚至有的因缺失而不完整，整套东西都会被废弃而不用，所以虽然是一件小小的器物，那也称得上礼制不完备。

泉州州学位于郡城东南，它的规模最大并且土地十分广袤。孔庙以及明伦堂十分巍峨华丽，在福建地区称得上第一。开辟四车道的宽阔大路，围墙也高有数尺，然而墙体倒塌或者墙漆剥落，那是经常的事情。长廊和拱门上的花纹有的模糊不可识，户耳和门锁往往受侵蚀脱落，大路上也常常积水，路上的流水往往汇集于此，夏天暴雨密集，泮池的水滥涌地上，甚至都涌上台阶和房内，于是学生们只好提着裤脚淌水进屋，都对这种情况感到很不满意。樽罍、彝洗、簋簠、俎豆等差不多是完善齐全的，但是舟幂、栿禁、房跗等就有破败不全的，悬挂钟磬的木架子也有木头被削刻而不牢固的。这些都是因为破败缺失而导致的，所以不能说是完备。

过去在这里当官的人，曾经都不把这些当回事。等到华亭唐次梁君来这里担任泉州教授，听了学生们的陈述大吃一惊，但又担心上报有司也很难处理。唐君于是自己承担起责任，他遍览文庙里的礼器，视察庙堂、门廊和道路，发现有模糊脱落倾倒剥削与不完整不牢固的地方，就依次加以修理整治。他参考古人的建造法式，把破败的补充厚实，把废缺的补充完整。增高泮水之桥，以除去潮湿。把泮水四面用围栏拦起来，在外门设立影壁，让来这里学习的人都十分开心。接着又填平道路的坑洼处，封闭周围的小路，以免从侧面的小路出入学宫。堂上发黑的彩绘也焕然一新，旧貌变新颜。有关每天的课程和每月的测试，以前是等到学生来齐了才从路上搬来桌椅。现在只需要带着书卷进来，因为桌椅都在原地摆放着不需搬来就足够使用了。凡是和学习有关的东西，可以说是准备得很详细了。翻阅郡志，有宋代贤明太守梅溪王十朋歌咏夫子泉的诗，唐君收集得到旧时文本，刻在石碑上立于夫子泉侧，用来保存先贤的风采。然而刻诗在石头上，估计这些费用就有不少了，这些都是出自唐君自己的俸禄。可以说他是急学子之所急，做别人做不到的事情啊。唐君却不把这些当作自己的功劳，而学生们却想要把这些事情记录下来。学官教授的职责，知道教导学生就够了，然而唐君所作所为不在职责当中。唐君算越职做事吗？如果说做这些事情的费用，唐君诚然是越职付出的。但就事情本身来说，却是教授所应做的，而非越职。

如果想让士人在道德的根本方面有所学习，则应当以礼乐典制的使用为先。宫室服器，是圣人早就定好的东西，是承载着儒学之道的。神灵上下出入，借助器物恭敬祭祀，游览居住聚集的时候，都要勤敏地怀抱修习。祭祀时的洗涤奉持，会让肃敬之情萌发；敲打乐器起舞，则是与音乐一起达到和谐的状态。所以每一个形象和名貌，没有不承载道德的。哪怕有一点点的不完备，不止会使祭祀中因为急用而出现差错，更是会让士人们因为缺少这些东西而不能学习。唐君不仅不怕牺牲自己的利益反而是勤勤恳恳为大家谋划，谁能有像他一样的智慧勇气呢？这些都是可以记述下来的。

嘉靖丙辰（1556年）七月十六日，太中大夫河南布政司参政前进士郡人遵岩王慎中记。

史　话

这篇《泉州府儒学修造记》写于嘉靖三十五年（1556年），即王慎中晚年归隐家乡之际，再过三年，王慎中就结束了他五十岁的一生。而翻开府志，王慎中为家乡的桥梁、庙宇、学校撰写了大量的碑记，仅关于泉州府学就写了三篇，包括嘉靖二十二年修泮池桥的记，还有嘉靖三十一年关于明伦堂的《续立科目题名碑》，每篇皆洋洋洒洒，都记录了他拳拳的爱乡之心。

王慎中（1509—1559年），字道思，号江南，别号遵岩居士，泉州晋江人。因排行第二，又称王仲子。他从嘉靖五年（1526年）踏入仕途，三十三岁就被罢黜归家。盛年被罢官让所有人都为他惋惜，他自己却毫不介意，飘然甩手离开官场，遨游于名山大川之间，悠然自得。弟王惟中所撰《河南布政司参政王先生慎中行状》云：“先生豁达轩朗，英迈绝出，束发登朝，高谈阔辩，直谓天下事无不可为，而为之亦无不如吾意，与一时雄俊以名节相矜，意气相励，昂藏峭露，如太阿方处于匣，使人望之，知其难犯；而就之，愧其难及。士誉方隆，而忌者众矣。”从这段文字不难看出，王慎中自负才气，锋芒毕露，在官场之中，惹人妒忌。耿介不逊的性格又让他难以在仕途再进一步，《闽中理学渊源考》卷六十七《参政王遵岩先生慎中》记：“（嘉靖）十二年，诏简部郎为翰林，众首拟慎中。大学士张孚敬欲一见，辞不赴。”不肯趋炎附势不说，还断然拒绝称：“吾宁失官职，不敢轻易失身也。”

更值得一提的是王慎中的文学才华。他可以说是明嘉靖时期引领闽地文学风气的一大家。他主张文章要“道其中之所欲言”，“卒归于自为其言”，要“直抒胸臆，信手写出”，以表达作者内心真实的思想感情。为文最重“义法”二字，并指出文学法度规矩要不背于古，而文义却要取前人之所未发。反对一味地复古模拟，成为当时开唐宋派风尚的第一人。王慎中与唐顺之、归有光并称明代三大散文家。又与唐顺之、李开先等并称“嘉靖八才子”。可谓是文名满天下。

即便如此，王慎中每写一篇，从无草率应付。李贽评论王慎中文章“其为文也，恒以构意为难，每一篇，必先反复沉思。意定而辞立就。细观之，铺叙详明，部伍整密，语华赡而意深长”。《泉州府志》称其：“每构一篇，反覆沉思，意定而辞立就，赡而有则，深而不凿，按之成队，诵之应声。”从本书所选其《府学修造记》，就可以看出这一特点。

从题材内容来说，王慎中所撰写《府学修造记》所记载的是嘉靖三十一年（1552年）府学教授唐尧宾修庙学增置器物这一件事。记文完成的时间是嘉靖三十五年，实际记录了四年中这位普通的府学教授如何默默无闻、勤勤恳恳地用自己的俸禄进行庙学的修缮和器物的增置。他将这些日常的行为放到孔子之无穷道统序列中加以描述，就显得尤为重要，所谓“教为政本”，正是为政者所应优先处理的问题。反过来，也暗含着对当政者的批评，本应该当政者来处理的问题，却要由一位教授来越职处理，这本身并非教授的越职而是当政者的失职。

第五编　朱子过化，海滨邹鲁

同安县学《讲座铭》及《四斋铭》

宋·朱熹

碑　文

讲座铭

绍兴二十三年，新安朱熹仲晦来为吏于同安，而兼领其学事。越明年五月，新作讲座以临诸生，顾其所以作之意，不可以不铭。铭曰：

师道绝塞，以圮其居。今其言言，亦莫我敢。都前圣后师，文不在兹。如或见之，有俨其思。立之堂坛，惟以有严。厥临孔昭，式讹尔瞻。

四斋铭

志道

曰趋而挹者，孰履而持？曰饥而寒者，谁食而衣？故道也者，不可须臾离。子不志于道，独罔罔其何之？

据德

语道术则无往而不通，谈性命则疑独而难穷。惟其厚于外而薄于内，故无地以崇之。

依仁

举之莫能胜，行之莫能至。虽欲依之，安得而依之？为人由己，而由人乎哉？虽欲违之，安得而违之？

游艺

礼云乐云，御射数书，俯仰自得，心安体舒。是之谓游，以游以居。呜呼游乎！非有得于内，孰能如此其从容而有余乎？

（铭文录自《晦庵先生文集》卷第八十五）

译 文

讲座铭

绍兴二十三年（1153年），新安朱熹到同安来做主簿，同时兼任县学的事。第二年五月，新建了面向诸生们的讲座，考虑之所以要做讲座的用意，还是有必要铭文以记。铭文说：

师道断绝堵塞，我们为学的根本都快要倒塌了。现在大家说得很多，但很少有人同我一样直言。

瞻望儒学史上的前圣后师，文统已经不在我们这里。如有人见到这种情况，一定会严肃地深思。

今天我们建立讲堂教坛，只为了体现学术之道的尊严。让师生身临此地，都能扩大自己的心胸和眼界，从而改变自己的认识。

四斋铭

志道

如果趋从世俗攫取利益，谁来躬行正道和维持世道呢？如果饥饿寒冷，谁会给你提供食物和衣服呢？因此，道是不可须臾背离的。你不以道为志向，独自迷惑不定，又该往哪里去呢？

据德

谈论道术无论到哪里都能够通达，谈论性命则独自迷惑而难以穷尽。正因为向外求的多，而向内求的少，因此就没有一个地方可以推崇大道。

依仁

仁，作为器物，没有人能够把它举得起来；作为道路，没有人能够走得完。想要遵循仁爱，又哪里有一个具体的仁爱可以依从呢？修养仁德在于自己内心的觉悟，哪里是依靠别人而获得呢？如果从内心修养并树立了仁德，虽然有时候想要违背，又哪里违背得了呢？

游艺

礼乐包括驾御、射箭、数学、书法，在这些活动中能够俯仰自得，让自己真正发自内心地感受到道德觉醒与心灵安放的快乐，这就是游于艺的境界啊！或是游心于其中，或是安心于其中。我们说的游于艺，如果不是内心真正的觉悟，谁又能做到如此从容而行有余裕呢？

史　话

绍兴二十三年（1153年）七月，二十四岁的朱熹正式到任同安县主簿。县主簿官秩从九品，据朱熹《建宁府建阳县主簿厅记》所说："凡户租之版，出内之会，符檄之委，狱讼之成，皆总而治之，勾检其事之稽违与其财用之亡失，以赞令治，盖主簿之为职如此。"说明主簿之职，主要是协助县令管理账簿、符檄、狱讼等事务，位在县令之下，县尉之上，相当于一县的总管。朱熹作为主簿还同时"兼管学事"。今天看来，朱熹作为主簿的事迹固然更接近民生，具有现实的意义，但还是在教育方面所做的工作产生了更为久远的影响，故而有"朱子过化"之说。

年轻的朱熹在任同安主簿时，采取多项举措，改革了县学的教育格局，整顿县学。他的举措包括：于县学设讲座，授《论语》；重建四斋，更名为志道、据德、依仁、游艺；试补县学弟子员，定策试之法。其中设讲座，针对的是县学中虽然讲圣人之道，但并不能真正明白其中的义理，导致师道塞绝、根本坍塌的现象；重建四斋，针对的是过去为了俭省，只设汇徵、日新两斋四门，"又皆错乱不得其所，至于命名之义，亦有未安"的现象。作志道、据德、依仁、游艺四斋以丰富之明确之。他还作《谕学者》等多篇讲话，其一指出"诸生晨起入学，未及日中而各已散去"的懒散学风；其二谈"学校之官有教养之名而无教之养之之实，学者挟策而相与嬉其间，其杰然者乃知以干禄蹈利为事，至于语圣贤之余旨，究学问之本原，则罔乎莫知所以用其心者"的弊端；其三是谈到学校当中的法制和理义之间的关系，他说："学校之政，不患法制之不立，而患理义之不足以悦其心。夫理义不足以悦其心而区区于法制之末以防之，是犹决湍水注之千仞之壑而徐翳萧苇以捍其冲流也，其必不胜矣。"主张从制度建设方面着眼加以整治。

此外朱熹发现，县学藏书短缺残脱。绍兴二十五年（1155年）正月，他通过多方搜求，得经书九百八十五卷，在文庙大成殿后新修经史阁予以收藏。他还在明伦堂建教思堂，在此讲学，吸引了大批民众。修建苏颂祠（又名苏公祠、苏丞相祠），以树立学者榜样。经过一番用心的经营，同安的学风面目一新，士子由追逐词章到精研义理、重回经学。一批有用之才如许升、戴迈、吕侁、林峦、柯翰、王近思、杨宋卿等纷纷来投。

朱熹的办公和居住场所在同安县衙右边的主簿廨，这儿离孔庙不远。因年代久远，"皆老屋支柱，殆不可居"，幸而署内西北角还有一间房子，地势高旷，前后两进，敞亮宜居。朱熹将其名为"高士轩"。他在《高士轩记》中写道："主县簿者虽甚卑，果不足以害其高；而此轩虽陋，高士亦或有时而来也。"还情不自禁吟咏抒怀曰："官署夜方寂，幽林生月初。闲居秋意远，花香寒露濡。"

虽然昔日的刻石及讲堂都早已经荡然无存，但回归学术本义，年轻的朱熹在同安探索理论、尝试实践，明确了自己的方向，包括向经学的回归、向经学义理的回归和向儒学内在修证致知回归的总方向，也发现了现实教育中存在的问题、进一步探索路径的动力。这为他理学思想的真正成熟奠定了坚实的基础。同时，朱熹仅仅是作为一个年轻的小小主簿，却对当地的文化产生了极其深远的影响，这也是一个值得研究的文化现象与人文奇观。

移建朱文公祠记

明·陈仲述

碑　文

移建朱文公祠记

晋江为泉州附邑，邑学旧为泉山书院，朱先生祠在焉。今改为学，于是舁文公旧像置明伦堂上。师生讲肄杂处，无以示尊崇之意。洪武戊辰，缙云钟道元以御史按事至泉，谒学宫，跻讲堂，顾瞻有不豫色，谓："文公先生天下万世所宗承，况斯邑为过化之地，祀于学，以风励后生，宜尊且严。祀无专所，其可乎哉？"时襄城王敬适典文教，白于邑丞常守雍，卜礼殿后隙地别为祠以专祀。公议以克合。

于是畚除粪壤，疏剔榛荒，辰日既良，以经其始，越明年告成。凡若干室，幽幽秩秩，有庑有堂。舁旧像置祠中，俨乎如生人正坐堂上。学士大夫来游、来歌于斯者，拜谒祠下，如亲严师，亦莫敢不敬焉。予时继道元亦来，王君白其事，且属予记。

予惟诸君知崇朱子之祠，斯知学朱子之学。士生斯世，不欲为圣贤则已，如欲为圣人、贤人，舍朱子无以迳。粤自人文肇开，五、三、六经载籍之传，不可尚已，乃笃生尼父于周室东迁之际，以集其成。斯文之兴丧，天实为之，岂苟然哉？夫何？秦人暴戾，燃除篇籍，大道之绪日泯。两汉之士，喙喙争鸣；至周、程、张、邵诸儒出，得不传之学以相授受，天又笃生朱文公于有宋南渡之时，以折其衷。天之兴起斯文，谓无其意可乎？于东迁生孔子，于南渡生朱子；

孔子不得其位，朱子亦不大显庸于时。盖俾之立言垂范，扶植人纲人纪于衰世，皆天也。今士大夫咸知孔子之道不可一日无，一日无则生之理几熄。朱氏之学，孔子之道之寓；求观孔子之道，必自朱子始。苟为不然，如适燕而南其旆，适越而北其辕，其可至哉？此朱子为有功于名教，在吾徒为千万世罔极之恩也。

予也少有志于朱学而弗窥其堂，无以塞王君请。虽然，朱子之书家传人诵成章，昭列粲然若繁星之丽天，有志于学者，可求而得之，又奚庸赘，遂书以为记。

（碑文录自乾隆《泉州府志》卷十三）

译文

移建朱文公祠记

晋江是泉州附属的城邑，晋江县学宫以前是泉山书院，朱熹先生的祠堂就在书院中。如今书院改为了学校，于是把朱子旧像置放在学宫的明伦堂里。师生在此讲论学业杂居同处，不能显示尊崇之意。洪武戊辰年（1388年），缙云钟道元以御史的身份按察至泉州，他视察学宫，登上讲堂，环顾四周后面露不快之色，说：“朱文公先生是天下万世所尊崇供奉的，况且这座城邑又是他讲学教化百姓的地方，在学宫中祭祀朱子，用以劝勉后生，应当要恭敬且庄重严肃。祭祀却没有专门的场所，这样做怎么可以呢？”当时襄城的王敬刚好掌管泉州文教，禀告邑丞常守雍，通过占卜得知礼殿后面的空地可以开辟出来作为祠堂，专祀朱子。大家商议后都表示同意。

于是用车子清理掉粪便土壤，清理剔除丛生的杂草，选择良辰吉日，开始建设祠堂，第二年就竣工了。祠堂总共有若干个房间，清幽肃净，有正堂也有堂下周屋。于是抬着朱子旧像放置在祠中，只见朱先生正襟危坐如同生人坐在堂上。来这里游学、咏歌的学士大夫，都在堂下拜谒，就像真的亲近严师，内心没有不恭敬尊崇的。我当时接续道元也来这里，王敬君把修祠堂的经过讲给我，并且嘱咐我要写下来。

我认为诸君知道尊崇祭祀朱子的祠堂，就会懂得学习朱子的学问。士人生在这个世界，如果不想要成为圣人、贤人也就罢了，如果想要成为圣人、贤人，舍弃朱子之学是没有其他道路的。自从礼乐教化肇始以来，五经、三经、六经这些典籍被不断地传承，被尊为无上的经典。于是在周王室东迁之际生出孔子，以汇集前代学问之大成。传统文化精神的兴衰，都是上天安排好的，哪里是偶然的呢？为什么呢？秦人暴戾之气难除，书卷文籍以及其所承载的大道统绪也日渐消泯。两汉的士人，纷纷立说；等到周敦颐、二程、张载、邵雍诸位大儒的出现，重建前人不传的经义之学，并传授下来。而这时老天又降生朱文公在宋代南渡之际，以使其得以折中总结前人的学问。老天让这种思想重新兴起，难道是无意的安排吗？在周朝东迁时诞生孔子，在宋朝南渡时诞生朱子；孔子不得显赫之位，朱子在当时也不那么受到重用。大概是上天要使其著书立说，垂范后世，在衰落的时代，扶植人伦纲纪，这都是天意呀！今天的士大夫都知道，孔子的大道每一天都不可缺少，一天缺少则人生就会失去其应有的意义。朱子的学问，寄寓着孔子的大道。想要理解孔子的道，必定要从朱子的学问开始。如果不这样做，如同前往燕国却向南行进，前往越国却向北走，这样如何能到达目的地呢？这就是朱子不仅有功于儒学的传承，对于我们学人来说，也有千万世的无尽恩泽。

我也是从小就有志于朱子之学，但不能窥其深层堂奥，无法完成王敬交给的任务。虽然如此，朱子的典籍，家传人诵，斐然成章，昭然罗列，犹如天上的繁星。有志于学习之人，想要索求就会有所得，又哪里用得着我再多说，于是写下上面的话作为记。

史　话

朱熹二十四岁来到泉州同安县担任主簿，时值南宋绍兴二十三年（1153年）。直到绍兴二十七年年末离家北归，有《之德化宿剧头铺夜闻杜宇》曰："王事贤劳只自嗤，一官今是五年期。如何独宿荒山夜，更拥寒衾听子规。""一官今是五年期"，从绍兴二十三年到同安上任至二十七年正好五年时间，诗中提到寒衾、子规更表达出旅途思归的意绪。离开泉州的朱熹，经历学术的大成、也经历庆元党禁的凄风苦雨；经历地方为政的磨炼，也经历为母守孝寒泉精舍的闭门苦读。庆元六年（1200年），七十一岁的朱熹病情加重，对镜自题："苍颜已是十年前，把镜回看一怅然。履薄临深谅无几，且将余日付残编。"（《晦庵先生朱文公文集》卷首）。不久他便离世。他曾分别在五十五岁、五十八岁两次回到泉州。或为悼念死去的故人，或为看望昔日的旧友，流连故地，诗咏唱和，书写题刻。可见其对于泉州的深情厚谊。

泉州，相当于朱熹理学思想的孕育之地，故有"杜鹃夜悟"之说。如在《朱子语类》中提道："看文字，却是索居独处好用工夫，方精专，看得透彻，未须便与朋友商量。某往年在同安日，因差出体究公事处，夜寒不能寐，因看得子夏论学一段分明。""某旧年思量义理未透，直是不能睡。初看子夏先传后倦一章，凡三四夜。穷究到明，彻夜闻杜鹃声。"

朱熹，对泉南文化有着非凡的意义，故泉州被称为"朱子过化"

之地。书院的建设、人才的培养、思想的引领、人文环境的塑造等，让我们想到孔子所说“君子之德风”，风过而万物生长变化。

明代泉州为朱熹立的祠一在温陵书院，一在小山丛竹，一在宝觉山海印室侧，一在九都石佛寺右。（《泉州府志》卷十三《学校》）清代更是不计其数。从这篇朱子祠的重建记中可以看出，明洪武初年，朱子像还像普通的名人像一样被放置在学宫中，而到了洪武二十一年（1388年），御史钟道元视察晋江学宫，提出：“文公先生天下万世所宗承，况斯邑为过化之地，祀于学，以风励后生，宜尊且严。”随着朱子之学在明代得到全面提倡，学校制度日益完备，远在海滨的泉州也随之提升了朱子学术的地位，朱子其人和朱子之学也都由此走上神坛。

记文中也重点强调了朱子的学术地位。一方面与孔子相提并论。传统经典中的思想，经孔子得以传承；汉以来的众说纷纭，到周敦颐、程颢、程颐、张载、邵雍诸儒的出现，经朱子而整合折中为理学思想。孔子生于周室东迁，朱子生于宋室南渡；孔子不得显赫之位，朱子也不那么受到重用于当时。大概是上天要使其著书立说，垂范后世，在衰落的时代，扶植人伦纲纪。其中无不体现了天意的安排。

另一方面，朱子是孔子最直接的传承者。孔子之道，人伦日用而不可须臾离。要想能真正明了孔子的道，则需要首先从朱子的学问入手，是最切近的正途。一条简明的儒学思想史脉络就这样被清晰地勾勒出来。孔子、朱子，仿佛学术史上的两座灯塔，指引学人前进的行程。

陈仲述，江西泰和人。明洪武十八年（1385年）进士。授监察御史，二十三年出为福建道巡按。记文中说，他是接续道元来到泉州，才有了这篇记文。则记文的写作时间大概也就是在洪武二十三年。原碑已佚，碑文见于乾隆《泉州府志》、道光《晋江县志》等。

铁炉庙记

明 · 杨曜宗

碑 文

铁炉庙记

中宪大夫知泉州府事清江胡器篆额

韩府右长史奉议大夫清源杨曜宗撰文

余观《清源郡志》，铁炉庙在城西宣明坊直南，相传留鄂公造兵器之地，士之应科名者祷焉，时未之识也。

永乐四年春，余归自藩府，展省先茔，尝经其所，见其栋宇翚飞，丹垩辉暎，骇而异之。父老进曰："此铁炉庙也。"乃趋谒祠下，致敬尽礼而去。翌日，里之士民曾庭诲等踵门请曰："吾邦素称文献，异时登甲科而跻显位者不少，然皆有神以司之，而兆其应。若宋曾公从龙未第时，尝祷于所谓铁炉庙者，梦有书幅纸，视之，云：'两爵并耀于今秋，一荐独横于天下。'既寤，笔之牖间。越夕，有谢君次山亦祷于庙，神告之曰：'吾已语曾子明矣，请视其牖。'谢亟谒曾，以告。明年，曾果擢进士第一。此庆元四年事也。嘉泰间，曾公重建是庙，载诸郡志，昭然可考。多历年所，风雨震凌，上漏旁穿，栖神无所。吾侪视之，欲然诚为欠事。岁己卯春，东安洪公子厚，由胄监来倅是邦，治民事神，举当其可。尝谒是祠，间有问焉，吉凶祸福，应之如响，遂慨然以起废为己任。乃捐岁俸，命其祠旁敏于事者，曰曾志民、曰陈志高，以掌其役。鸠工度材，课庸售直。始于甲申之仲春，至秋七月而祠以成。显敞邃深，有加于昔，邦人瞻仰，莫不有怿。作堂于右，以奉观音大士，存旧规也。顾未有记之者，敢以请。

按《祭法》曰："圣人之制祭祀也，法施于民则祀之，以死勤事则祀之，以劳定国则祀之，御灾捍患则祀之。"今神庙食一方，其法施于民欤？其以劳定国欤？抑以死勤事、御大灾、捍大患而有功于民欤？皆未有究其实者。然郡志载其预知科第，有祷即应，是为文章之司命，人物之权衡，其有功于文教也甚大，祀之固宜。郡倅公以文学致身，出膺师帅之贰。莅事未几，政通民和，而汲汲于事神为先务，其知为治之要欤！是皆可书也。愧余荒陋，纪事不文，姑序大概，以塞其请，后之来者，尚有考于斯焉。

成化八年龙集壬辰孟冬朔日甲子

赐进士第中顺大夫泉州府知府金台徐源、怀远将军泉州卫指挥同知沔阳秦琨立石

太学生江□□

（据原碑录文）

译文

铁炉庙记

中宪大夫知泉州府事清江胡器篆额

韩府右长史奉议大夫清源杨曜宗撰文

我察看《清源郡志》的记载，铁炉庙的位置是在城西宣明坊的正南方向，相传是留从效打造兵器的场所，参加科举考试的士子也会去

祈求保佑，当时多数人还不知道这个地方是铁炉庙。

永乐四年（1406年）春，我从藩府归来，去省视先人的茔地，路过铁炉庙时看见庙宇高峻壮丽，油漆粉刷的图案交相辉映，我感到非常惊讶。这里的老人告诉我："这就是铁炉庙。"于是我前往祠堂敬拜，表达完敬意就离开了。第二天，乡里曾庭诲等人登门拜访说："我们泉州历来被称为典籍和贤人之邦，过去考中进士并且身居高位的人很多，然而他们都是有神明保佑，而且有应验征兆的。如宋代曾从龙尚未考中进士之时，曾向铁炉庙祈求保佑，他梦到有一幅字纸，上面写着：'两爵并耀于今秋，一荐独横于天下。'醒来之后，就将它写在窗户上。第二天晚上，谢次山也来到铁炉庙祈祷保佑科考，神明告诉他：'我已经告诉曾从龙了，请你去看他的窗户。'谢次山急忙去拜访曾从龙，曾氏便详细地告诉了事情的经过。第二年，曾从龙果然高中状元。这是庆元四年（1198年）发生的事情。宋宁宗嘉泰年间，曾从龙重建铁炉庙，这件事记录在郡志中，可以明确考察。又过了许多年，铁炉庙经历了风吹雨打，屋顶破漏墙壁破损，连神明都难以在这里供奉。我们看到这种情况都感到实在是一件遗憾事。明代建文己卯年（1399年）春，东安洪子厚（洪葆）由国子监派遣来治理泉州，管理百姓，侍奉神明，所作所为都很合理。洪氏曾经来拜访铁炉庙，询问吉凶祸福之事，都能很快地得到应验。于是，洪葆把重修铁炉庙作为己任，捐献俸禄，安排住在祠堂旁边的曾志民、陈志高掌管重建的事务，召集工人，准备材料，并督促给工人发放工钱。永乐甲申年（1404年）仲春开始重修，到七月时就竣工了。新修的铁炉庙比之前的看起来更为宽敞和庄严肃穆，乡邦来祭拜的人，无不欢欣鼓舞。又在铁炉庙的右边修建一室，以供奉观音大士，实为保存旧规。考虑到还没有人记载这件事，特此请求您帮忙做记。"

《祭法》一书上说："圣人制定的祭祀制度，对百姓推行法度就祭祀他，勤劳国事而死就祭祀他，立下功劳安定国家就祭祀他，能抵御重大灾害、在重大祸患之时捍卫百姓就祭祀他。"今铁炉庙神灵享祀于一方，它有推行法度于民吗？它有立下功劳安定国家吗？或者是因勤劳国事而死、抵御重大灾害、在重大祸患之时捍卫百姓吗？都没有能考究的事实。然而郡志上记载铁炉庙能够预知科举之事，有祈祷即能应验，是掌握文章的司命，权衡人物的命运，它对于文化教育的功劳非常大，固然应当享受祭祀。我们郡倅公洪葆凭借文学出身，担任统帅的副官。他处理公务没有多久，政治通畅，百姓和睦相处，于是把侍奉神明作为首要任务，他知道这是治理地方的关键所在啊！这些故事皆可记载下来。惭愧的是我粗野浅陋，记事没有文采，姑且记录下大概情况，用来应付大家的请求，后来的人还可以从中了解一些事实！

成化八年（1472年）龙集壬辰孟冬朔日甲子

赐进士第中顺大夫泉州府知府金台徐源、怀远将军泉州卫指挥同知汭阳秦琨立石

太学生江□□

史　话

铁炉庙现位于泉州新华路象峰巷内，这篇刻有《铁炉庙记》的石碑则嵌于庙内墙壁上。明代黄仲昭《八闽通志》、何乔远《闽书》、清乾隆《泉州府志》卷十六、清道光《晋江县志》卷六十九分别记载了铁炉庙的相关内容，但相互之间略有出入。那么铁炉庙究竟有着怎样的历史价值以至一直受到重视呢？

据碑文所记，铁炉庙的修建，起初是留鄂公造兵器之地。这也与乾隆《泉州府志》“铁炉庙，在府治西铁炉铺，旧名升文铺庙，为五代留鄂公从效铸冶之所”相互验证。留从效（906—962年），永春人，五代闽国时为泉州散员指挥使，后晋开运三年（946年），领兵击败宏通，晋升泉州刺史。后汉乾祐二年（949年），官至清源军节度使、泉南二州观察使，后又加授同平章事兼侍中、中书令，封鄂国公、晋江王。北宋建隆元年（960年）上表北宋称藩，得到宋太祖的嘉奖抚慰，但太祖的使者尚未到达，留从效就因疽发背而死，年五十七岁。留从效统治泉州十七年期间，安民保土，保一方平安，且扩大了泉州铁矿的开采、冶炼以及对外的贸易。据《清源留氏族谱》记载：“陶瓷铜铁远泛于番国，取金贝而返。民甚称便。”可见，铁炉庙的存在，更可作为五代泉州冶铁和对外贸易的历史见证。

宋元时期，铁炉庙逐渐发展为“士之应科名者祷焉”的地方，那么主祀之神是谁呢？根据碑文交代，“然郡志载其预知科第，有祷即应，是为文章之司命，人物之权衡，其有功于文教也甚大，祀之固宜。”铁炉庙的神灵已经演进为能预知科第，保佑士子科考的文章司命之神。道光《晋江县志》称：“郡城升文铁炉庙，其神曰‘应魁圣王’，为文章之司命，盖天神也，其灵可梦云。”由此可见，主祀之神是应魁圣王，是文章司命，又能保佑科考，即碑文云：“吾邦素称文献，异时登甲科而跻显位者不少，然皆有神以司之，而兆其应。”所以，碑文大段叙述士子祈求科名多祭祷于此。前有曾从龙，后有谢枋得。而应验之迅速。铁炉庙神祇的演进也体现了宋元以来泉州由重商到重文的风气变迁，以及文化教育水平的提升，激励更多的士子通过科举进身仕途。

又过了一百多年，铁炉庙的形貌已然“多历年所，风雨震凌，上漏旁穿，栖神无所”。明代建文元年（1399年），洪葆任职于国子监，出差来泉治民事，并于铁炉庙询问吉凶祸福之事，皆能应验，因此捐俸重修铁炉庙。洪葆，字子厚，杭州人，于明洪武三十年（1397年）任泉州府通判。依据乾隆《泉州府志》记载："明永乐四年，泉州通判洪葆重修。"而据《铁炉庙记》所载，洪氏是永乐二年（1404年）重修是庙，七月完工，故非永乐四年所修。洪葆此番捐俸重修铁炉庙，使其具有宏大壮观，焕然一新之貌，臣民甚欢。如杨曜宗云："尝经其所，见其栋宇翚飞，丹垩辉映，骇而异之。""显敞邃深，有加于昔，邦人瞻仰，莫不有怿。"

又道光《晋江县志》有载，明成化八年（1472年）又曾重修铁炉庙。然而，乾隆《泉州府志》及乾隆《晋江县志》都无此记载，说明是年无重修之事。之所以有这样记载，可能是误将明成化八年泉州知府徐源、泉州卫指挥同知秦琨立石镌刻杨曜宗《铁炉庙记》的时间作为重修时刻，故才出现此差错。

正如南宋刘克庄《泉州南郭》二首中所说："闽人务本亦知书，若不耕樵必业儒。惟有桐城南郭外，朝为原宪暮陶朱。"从五代到宋元，古泉州的城市内涵发生了潜在的变化，由向海而生的商贸往来，逐渐转换为以海滨邹鲁为底蕴的商贸之城。作为"众神之城"的泉州，民间信仰之丰富，令人惊奇。然而神灵的塑造，正是现实生活的投射，《铁炉庙碑》的记载让我们由民间信仰神灵意义的变迁看到了现实中人们愿望需求的变化。

第六编　潮起万国商，市井十洲人

九日山南宋倪思等祈风石刻

碑　文

嘉泰辛酉十有一月庚申，郡守倪思正甫、提舶余茂实腾甫，遵令典祈风于昭惠庙。既事，登九日山，憩怀古堂，回谒唐相姜公墓，至莲华岩而归。统军韩俊用章、同寮朱曾景参、戴溪肖望、钱篁仲渊、曾应定之、陈士龙云卿与焉。

（据石刻录文）

译　文

嘉泰辛酉年（1201年）十一月庚申日，泉州郡守倪思倪正甫、提舶余茂实余腾甫，遵循典制在昭惠庙进行祈风仪式。事情处理完毕后登临九日山，并且在怀古堂休息，回程的路上拜谒了唐朝宰相姜公辅的墓，一直游览到莲花岩才回去。一起的有统军韩俊韩用章、同僚朱曾朱景参、戴溪戴肖望、钱篁钱仲渊、曾应曾定之和陈士龙陈云卿。

史 话

九日山东峰、西峰分布着十三方记载地方官员与众人一同为船只顺利出海返航而进行祈风活动的摩崖石刻，可以说是泉州海洋文化特色的一个集中展现，我们可以从以下几个方面来看：

一是海神信仰的转型。祈风的地点选在九日山麓的昭惠庙，昭惠庙中供奉的是第一代海神通远王。关于通远王的传说来源久远，唐咸通年间，延福寺大殿重建，僧人到永春山中寻找木材，遇山神李元溥的指点，也是在这位老人的帮助下，僧人不仅找到了优质的木材，而且借助河水涨起的力量，将木材顺利运送到目的地，时人皆称此为神力所运。为答谢山神助运木材之功，寺东另建祠堂供奉这位山神。北宋时，因其灵圣而被封为“通远王”，祠堂即“通远王祠”，此即昭惠庙的前身。昭惠庙因此成为祈求神灵保佑海舶得风而又能顺利抵达彼岸的祭祀仪式的举行地。通远王也就成为东南沿海的第一代海神。而其由山神向海神的演变，实际正反映了中外贸易逐渐开放、海上商舶往来日益频繁过程中，一种现实的信仰需求。

二是市舶司的设置及作用。北宋开宝四年（971年），“置市舶司于广州”；元祐二年（1087年），置泉州市舶司；元祐三年，置山东的板桥市舶司。与宋朝开展海外贸易的国家有大食、古逻、阇婆、占城、勃泥、麻逸、三佛齐等，宋人以金银、缗钱、铅锡、杂色帛、瓷器，与海外的香药、犀象、珊瑚、琥珀、珠琲、镔铁、瑇瑁、玛瑙、车渠、水精、蕃布、苏木等物进行贸易。然而，值得注意的是，宋太宗在位时，诏“非出官库者，无得私相贸易”，后又颁布诏书令部分商品如珠贝、珊瑚、玛瑙、乳香等禁榷，“他药官市之余，听市于民”。而至宋神宗熙宁五年（1072年），诏书中就已经说：“东南之利，舶商居其一。”元祐三年，大臣范锷上书曰：“使商舶通行，无冒禁罹刑之患，而上供之物，免道路风水之虞。”这也得到了批准，并相继建立各地市舶司，以便将海外贸易置于规范的管理之下，增加国家财税的同时，更进一步便利民间商贾的贸易往来。由此，海外贸易也成为民生的一部分。当然，泉州市舶司也经历了一个从早期的不完善，乃至受到政策层面、朝政时局、用人唯亲等因素的影响而未发挥相应作用的时期。直到秦桧死后，经过辛次膺、林之奇、程祐之、马希言及汪大猷等几位郡守及提举市舶的努力，逐渐推动南宋至元代的泉州港走上了三百年的繁兴之路。

三是摩崖石刻中所记载的祭祀群体。此方摩崖石刻完整记载了南宋宁宗嘉泰元年（1201年），泉州郡守倪思率众人遵循旧典，举行祈风仪式。其中戴溪，字肖望，永嘉人。庆元中，通判泉州，与郡太守信安刘颖共同编《清源志》七卷。朱曾，时任泉州通判。钱箪，时任泉州节度推官。曾应和、陈士龙二人，不见记载。这方石刻的重要意义在于记载了当时南宋嘉泰元年冬季祈风典礼过程中，郡守、提舶、统军、其他官吏共同参加的盛况，由此可以看到官方对于海外贸易活动的高度重视和支持，以及各级官吏之间对此所形成的共识。正如乾道五年（1169年）郡守王十朋作有《提举延福祈风道中有作次韵》：“大商航海蹈万死，远物输官被八埏。赖有舶台贤使者，端能薄敛体吾君。”《提舶生日》曰：“小试舶台良不恶，北风航海南风回。远物来输商贾乐。”其中包含了对于“大商航海蹈万死”发自内心的理解和尊重，也表达了对于“远物输官被八埏”“远物来输商贾乐”的物质丰盈、利国利民的期盼。可见当时在泉州所形成的良性的政商关系风气与传统。

四是关于郡守倪思。从《宋史》本传的记载中可以看出，他是一位耿直的大臣，他曾就李皇后干政事进谏曰：“人主治国必自齐家始，家之不能齐者，不能防其渐也。始于亵狎，终于恣横，卒至于阴阳易位，内外无别，甚则离间父子。”上悚然。同行的赵汝愚后来对人曰：“谠直如此，吾党不逮也。”倪思又曾向当时的韩侂胄进言曰：“士大夫寡廉鲜耻，列拜于势要之门，甚者匍匐门窦，称门生不足，称恩坐、恩主甚至于恩父者，谀文丰赂，又在所不论也。”侂胄闻之大怒。均可见其为人的耿直。倪思在朝中不断受到排挤，“出知太平州，历知泉州、建宁府，皆以言者论去”。倪思在泉州作郡守一年有余，留下了极佳的政声，深受当地百姓爱戴。“新学校，修城郭，缮器械，训士卒，浚河渠，造桥梁，葺候馆，立养济院，百废俱兴，民不告扰”（《泉州府志·名宦》），后真德秀继任郡守，向他求教如何为政，倪思给出的建议是：“毋崇宴觞，毋艳賨货，静以安民，俭以化俗。”并对真德秀期以“温陵赤子”的寄托。真德秀后来重建倪思祠并为记曰：“泉之旧守得祠者众矣……幸而存者化为翁媪膜拜之室像设……而于其中有三人焉，不求祠而民祠之，曰忠惠蔡公、忠文王公，而公其继也……然则公之得此于人，何也？曰心也。心藏于中，窈不可测……民之所以不能忘者，以其心耳。”（《西山真文忠公集》卷二十五）在泉州的清源山也留下了倪思祈雨的石刻，千百年来与这块摩崖遥相呼应，记录了南宋泉州吏治与海洋文明繁盛的面貌。

总而言之，泉州市舶司设置后，直到南宋绍兴二十五年（1155年）之后，相对稳定的政治和经济政策，市舶官员选用制度的变化及市舶官员的努力，不断完善的市舶相关法律法规制度乃至南方各港口之间联动关系，泉州独具特征的地理位置和人地关系所决定的地域海洋商贸传统，唐代以来中原文化传统的南传与当地民俗相结合所产生的独特儒商文化传统，可以说都是共同撬动泉州港崛起乃至南方丝绸之路兴盛的合力杠杆。

九日山南宋赵希怆等祈风石刻

碑 文

咸淳丙寅，南至后十日，祷风此山。知宗兼郡事古汴赵希怆安宅，提举缐事眉山王橚茂悦，领郡佐三嵎虞会和叔，三山郑君为瑞国，僚属番易史霆声宏甫，天台卢应伯和，东嘉赵崇东旸卿，三山林起东景仁，黄以谦谦之，潘昌廷孔时，邑令三山陈梦发以道，陈山公仰卿。是日也，霜日熙明，溪山献状，登怀古，景先哲，宛然有得。彝典云乎哉！

（据石刻录文）

译 文

南宋咸淳二年（1266年），冬至后十天，我们在九日山进行祈风仪式。参加仪式的有提舶、知宗兼泉州郡守来自前代汴京的赵希怆赵安宅，提举缐事来自眉山的王橚王茂悦，领郡佐来自三嵎的虞会虞和叔，来自三山的郑君为郑瑞国，寮属番易史霆声史宏甫，来自天台的卢应卢伯和，来自东嘉的赵崇东赵旸卿，来自三山的林起东林景仁、黄以谦黄谦之、潘昌廷潘孔时，以及南安令来自三山的陈梦发陈以道、陈山公陈仰卿。这一天，微霜普降，日照让天空清澈明净，溪流和山峰都显出了多样的形状，我们登临怀古堂，敬仰先哲的事迹，不禁感慨万千，若有所思。我们所感所叹的，难道仅仅是祈风典礼吗？

史　话

同样的祈风石刻，在不同的历史时段，却显示出不同的人生况味。这一方摩崖石刻的刻写时间是南宋咸淳二年（1266年），它也是泉州九日山现存最晚的一方祈风石刻。由于刻在岩壁绝顶处，多为前人所忽略，明冯登府《闽中金石志》、陈棨仁《闽中金石略》都没有搜集到这方。

南宋王朝到了咸淳年间，权臣贾似道大权在握，蒙古大军也在不断地大举南压，一片锦绣江山，眼看风雨飘摇，却又无可奈何。

赵希侘，南宋咸淳二年（1266年）任南外宗正司知宗兼知州，但《泉州府志》名宦及文职官名表中，皆不列其名。在《泉州府志·学校》中载有“咸淳中（泉州府学）殿毁，守赵希侘重建”。接着，又引洪天锡记：“岁冬十月辛巳，泉州大成殿火，宗正行守事赵侯希侘，以兵救正，故得不毁。”府志所载，恰好与本摩崖石刻题名记事及赵希侘的任职时间、官衔和他的官职相吻合。作为王室宗亲的赵希侘，当下的心情也是可想而知。

他主持的这次祈风人数虽然众多，彝典虽然照常，但总是暗含了不少对于王朝命运的担忧，眼看着大好的河山，怀古堂、先哲的足迹，都让人生出说不出的无奈滋味。所以在这篇石刻文中，祈风典礼之后就多了一句意味深长的感慨：“是日也，霜日熙明，溪山献状，登怀古，景先哲，宛然有得。彝典云乎哉！”其中复杂的言外之意又有谁能体会？正如孔子所言：“礼云礼云，玉帛云乎哉！乐云乐云，钟鼓云乎哉！”感叹很多人不明白礼乐的精神并不在钟鼓玉帛这些形式。“彝典云乎哉”同样的句式，似乎在感叹治国的真谛并不在这些典礼形式之中啊!

在赵希侘所率领的十一人的祈风典礼队伍中，不见通常的统军身份的人物，他自己则是提舶、知宗兼郡守，显然是重任在肩，人才缺乏。而在他的身后，还跟着眉山王茂悦、三嵎虞和叔等一应同僚。这些人的生平在府志、县志基本都是付诸阙如，唯有留在石上的记载还保留了这份不朽的档案。这不禁让人想起那句“最是仓皇辞庙日，教坊犹奏别离歌”背后的恓惶。

其实赵希侘所感受到的深刻的社会危机，并非突然而起。早在嘉定年间真德秀担任泉州郡守时，撰有一篇《祈风文》云：“惟泉为州，所恃以足公私之用者，蕃舶也。舶之至时与不时者，风也；而能使风之从律而不愆者，神也。是以国有典祀，俾守土之臣一岁而再祷焉。呜呼！郡计之殚，至此极矣；民力之耗，亦既甚矣。引领南望，日需其至，以宽倒垂之急者，唯此而已。神其大彰厥灵，俾波涛晏清，舳舻安行，顺风扬帆，一日千里，毕至而无梗焉。是则吏与民之大愿也！谨顿首以请。”文中就已经谈到郡中公私财力都已经消耗到了极点，蕃舶的到来，“以宽倒垂之急”。试想，将经济的全部希望寄托在海外贸易这一项上，当时的南宋政府面临的该是如何严酷的窘境和危机。战争的消耗不说，仅用来供养泉州南外宗正司中庞大的皇族的费用，就已经使得当地不堪重负，入不敷出了。据统计，在泉州的宗室子弟初期仅349人，其后日益繁衍，至绍定年间，则在院者1427人，外居者887人。至赵希侘祈风之时，这种情况也当是越来越严重的。

重立清净寺碑

元·吴鉴

碑　文

重立清净寺碑

□□夏□□□阿津□□□同募

明□□将军福建都指挥使司都指挥□□□□许清篆盖

赐进士观户部政使□□□□□□□□□事□□丁仪书碑

西出玉关万余里，有国曰“大食”，于今为“帖直氏”。北连安息、条支，东隔土番、高昌，南距云南、安南，西渐于海。地莽平，广袤数万里，自古绝不与中国通。城池、宫室、园圃、沟渠、田畜、市列，与江淮风土不异。寒暑应候，民物繁庶，种五谷、蒲萄诸果。俗重杀，好善。书体旁行，有篆、楷、草三法。著经史诗文，阴阳星历，医药音乐，皆极精妙；制造织文、雕镂器皿尤巧。

初，默德那国王别谙拔尔·谟罕蓦德，生而神灵，有大德，臣服西域诸国，咸称“圣人”。“别谙拔尔”，犹华言“天使”，盖尊而号之也。其教以万物本乎天，天一理，无可像，故事天至虔，而无像设。每岁斋戒一月，更衣沐浴，居必易常处。日西向拜天，净心诵经。经本天人所授三十藏，计一百一十四部，凡六千六百六十六卷。旨义渊微，以至公无私、正心修德为本，以祝圣化民、周急解厄为事。虑悔过自新，持己接人，内外慎敕，不容毫末悖理。迄今八百余岁，国俗严奉尊信，虽适殊域，传子孙，累世犹不敢易焉。

至隋开皇七年，有撒哈八·撒阿的·斡葛思者，自大食航海至广，方建礼拜寺于广州，赐号“怀圣”。宋绍兴元年，有纳只卜·穆兹喜鲁丁者，自撒那威从商舶来泉，创兹寺于泉州之南城。造银灯香炉以供天，买土田房屋以给众。后以没塔完里阿合味不任，凡供天给众具窜易无孑遗，寺因废坏不治。其徒累抗于官，墨司不决有年矣。

至正九年，闽海宪佥赫德尔行部至泉，为政清简，民吏畏服。摄思廉不鲁罕丁命舍剌甫丁哈悌卜领众分诉。宪公审察得情，任达鲁花赤高昌偰玉立至，议为之征复旧物。众志大悦。于是里人金阿里愿以己赀，一新其寺。来征余文为记。

予尝闻长老言：帖直氏国初首入职方，土俗教化与他种特异。征诸《西使》《岛夷》等志尤信。因为言曰：天之欲平分天下，由来非一日情也。庄子书、佛书皆言西方有大圣人，至隋而谟罕蓦德始出。其教大端，颇与理合。汉唐通西域羁縻，不尽臣服。自礼拜寺先入闽广，此其兆盖已远矣。今泉造礼拜寺增为六七，而兹寺之废复兴，虽遭时数年，名公大人硕力赞赞，亦摄思广、益绵之有其人也。余往年与修《清源郡志》，已著其事。今复详其废兴本末，俾刻之石，以见夫善教流行，义无所不达也。奉政赫公、正议偰公，皆明经进士，其于是役均以大公至正之心行之耳，非慕其教者。偰公治泉有惠，期年之内，百废皆兴。而是寺之一新者，亦余波之及欤！谓非明使者与贤郡守，则兹寺之教坠矣！

夏不鲁罕丁者，年一百二十岁，博学有才德，精健如中年人，命为“摄思廉”，犹华言“主教”也。益绵：苫思丁·麻哈抹；没塔完里：舍剌甫丁·哈悌卜；谟阿津：萨都丁。“益绵”，犹言“住持”也；“没塔完里”，犹言“都寺”也；“谟阿津”，犹言“唱拜者”也。

赞其事，总管孙文英，中顺推官徐君正，奉训知事郑士凯。将仕……董其役者，泉州路平准行用库副使冯马沙也。

时至正十年，三山吴鉴志。

按：旧碑年久朽敝无征，掌教夏彦高、海者旧、赵尹璋、蒲景荣、迭元高等，录诸《郡志》全文，募众以重立石；如尚书赵公荣，立匾“清净寺”三大金字以辉壮之；他如参将马公谟、张公玹，少卿赵公玹，知州马公庆，指挥干公辅，皆以本教为念，或茂以修葺之助，或厚以俸赀之施，而咸有功斯寺者。然教中显于泉者尤多，以其功德土地，故漏之。是故正德丁卯夏之吉旦。

（原碑漫漶不清，现据《闽书》卷七《方域》过录，参补以原碑之可识者与《泉州伊斯兰教石刻》一书）

译 文

重立清净寺碑

□□夏□□□阿津□□□同募

明□□将军福建都指挥使司都指挥□□□□许清篆盖

赐进士观户部政使□□□□□□□□事□□定仪书碑

玉门关往西万余里，有国名“大食”，现在用“帖直氏”之名。其国向北连接着安息、条支，往东与吐蕃、高昌相隔，南与云南、安南相邻，西边的领土直达海边。这里土地广阔平坦，有数万里之广，从古至今都没有和中国往来。这里的城池、宫室、园圃、沟渠、田畜、市列和江淮地区的风土人情并无大的差异。这里的寒暑合于时令，人民与万物都繁荣富庶，种植五谷杂粮和葡萄之类的水果。这里的风俗重典刑，民风好善。书写体式为横向，有篆文、楷书、草书三种书法。人们创作经史诗文，对于阴阳五行、天文星宿，医药音乐，都掌握极为精妙。他们在染织丝织品和雕琢刻镂器皿的手工技能上尤为工巧。

一开始的时候，默德那的国王别谙拔尔·谟罕蓦德（即穆罕默德）天生神异不平凡，具有高尚的品德。他使西域诸国都臣服于他，西域诸国都称呼他为“圣人”。“别谙拔尔”，用汉语说就是“天使”，大概是因为尊贵而这样称呼他。谟罕蓦德的宗教认为万物都来自天，天秉持着一个准则，不能用具体的形象去塑造。故奉天至为虔诚，而不供奉任何塑像。他们每年都要斋戒一个月，沐浴更衣，居住的地方也要更换。每天向西方礼拜上天，以清净心诵念经典。他们的经典原来是由神人传授，有三十藏，共计一百一十四部，分为六千六百六十六卷。经书意义深奥精微，皆以“至公无私、正心修德”为本义，把祈祷神人、教化万民、周济困急、解救危难作为行为准则。他们常常想悔过自新，不论持身还是待人，内外都严格谨慎，绝不允许出现丝毫有悖于宗教伦理的事情。延续到今天已经有八百余年了，这个国家的风俗也被严肃尊崇般信奉着。虽然传到了其他地域，仍然由子孙传承下去，都不敢轻易改变它。

到了隋开皇七年（587年），有一个叫撒哈八·撒阿的·斡葛思的人，从大食国出海航行到了广东，在广州仿建了大食国的礼拜寺，赐给封号叫“怀圣寺”。宋朝绍兴元年（1131年），有一个叫纳只卜·穆兹喜鲁丁的人，从撒那威跟着商船来到泉州，在泉州南城建造了这座寺。制作银灯香炉用来供奉上天，购买土地房屋提供给教徒们居住。后来，由于没塔完里阿合味的失职，凡是供奉上天和供给教徒的财产都被侵占得没有剩余，这座寺因此就败落了。教徒们不断地向官员们抗议，笔墨官司拖了很久都没有定论。

到了至正九年（1349年），闽海宪佥赫德尔巡行视察到了泉州，他处理政事清正简明，人民和官吏都敬畏他。摄思廉不鲁罕丁命令舍剌甫丁哈搽卜率领众教徒到他那儿上诉请求分辨此事。宪公详细勘察弄清事情缘由，委托正议大夫泉州达鲁花赤高昌人偰玉立去办理此事，使原来属于教徒们的财产得以归还。众教徒极其开心喜悦。于是其中一位教徒金阿里出资将这座寺翻修一新。并请我做一篇文章为记。

我曾经听到父老们说：帖直氏在我朝创立之初来到我们国家，他们的土生风俗教化与别的地方极其不同。从《西使志》《岛夷志》等志书里查引就可得以确信。所以我在这里记下：上天想要平分天下，自始以来不是一天两天的情况了。庄子之书和佛教经典中都说西方有大圣人，到了隋朝而出现了谟罕蓦德。他的宗教主旨大都与天理相合。汉唐时期中国与西域相连，没有完全使那里臣服。从礼拜寺最开始进入闽广地区，早期的状态已过去很久了。现今泉州建造的礼拜寺数量增长到了六七座，而这座寺也由衰废到重新兴盛，虽然它遭遇很多年废败的境遇，但是名公大人们倾尽全力赞助此事，这也是因为有了摄思广和益绵如此称职的人啊！我过去参与修编《清源郡志》的时候已经将这件事情收录进去了，现在将这座寺衰败兴盛的事情始末都详细地记载，并且把这些刻在石头上，用来表现好的宗教流行，会让它昭示的道理通达于天下。奉政赫公、正议大夫偰公，都是进士出身，他们对待这些差事都是以一颗大公至正的心去实行的，他们并不是为了信慕此教。偰玉立治理泉州多惠政，在一年之内就让所有荒废的事情一一兴举起来。并且这座寺之所以能够全部翻新，大概也是享受到了偰公仁政的余波吧！所以说没有贤能的使者和贤能的郡守，那么该寺的教化就会消失吧！

夏不鲁罕丁已经有一百二十岁了，他博学又有才能德行，他的体魄精干强健犹如中年人。他被任命为“摄思廉”，用汉语说就是“主教”。益绵是苫思丁·麻哈抹；没塔完里是舍剌甫丁·哈搽卜；谟阿津是萨都丁。“益绵”好比说是“住持”，“没塔完里”可以说是“都寺”，“谟阿津”等于说是“唱拜者”了。

辅助这件事情的人还有：泉州总管孙文英、中顺推官徐君正、奉训知事郑士凯。将仕郎监督管理这项差事的，是泉州路平准行用库副使冯马沙。

时至正十年（1350年），三山吴鉴记录。

按：吴鉴原立的旧碑因为时间长而衰朽破旧无法征引其文字，于是掌教夏彦高、海者旧、赵尹璋、蒲景荣、迭元高等人就从《清源郡志》当中辑录全文，并且招募工匠来重新立碑。如尚书赵公荣书写匾额“清净寺”三个大金字用来使寺庙增添辉煌壮丽；又如参将马公谟、张公玹，少卿赵公玹，知州马公庆，指挥干公辅，他们都从此教的信仰出发，有的修筑整理，有的捐助薪金，他们都是有功于这座寺庙的人。虽然宗教中在泉州显赫的人很多，但是因为他们出的都是修造和钱财上的功德，所以就略去不记了。这天是正德丁卯（1507年）夏季的初一。

史　话

坐落在泉州市鲤城区涂门街中段北侧、位于关帝庙西侧的清净寺，是阿拉伯穆斯林在中国创建的现存最古老的伊斯兰教寺。寺原名“艾苏哈卜大寺”，又名“圣友寺”。创建于北宋真宗大中祥符二年（1009年）。在今清净寺门楼后墙上有阿拉伯文石刻，意思是：“此地是人们的第一座礼拜寺，就是这座公认为最古老、悠久、吉祥的礼拜寺，号称‘圣友寺’，建于伊斯兰教历四百年。”石刻述说着其最初建筑的历史。元武宗至大三年（1310年），由侨居泉州的波斯设拉子城侨民艾哈默德·本·古德西出资重修。此后明代、当代多次维修。目前其建筑还保留着古阿拉伯伊斯兰的风格，包括覆盖穹顶的礼拜大殿，尖立高耸的宣礼塔，洗心亭，古朴的讲经堂，嵌于墙壁的阿拉伯文石刻，都昭显着其独特的文化气息。此寺是沿海四大伊斯兰教古寺之一，也被列在全国十大名寺之中，成为中华文化与古阿拉伯文化深度交流的重要历史见证。

元代文人吴鉴所作的关于清净寺的这篇碑文，撰于元至正十年（1350年），原名《清净寺记》，所描述的实际是“南门清净寺”的修建情况。后因该寺被毁，这块碑刻被移到了涂门街的艾苏哈卜寺。到了明朝正德二年（1507年），原碑已“年久朽敝”，夏彦高等人从《清源郡志》中辑录了全文，并且招募工匠来重新立碑。新立的碑额就是“重立清净寺碑”六字。所以我们今天看到的清净寺本为历史上的北宋兴建的艾苏哈卜寺，而寺中吴鉴碑则记录了元代另一座清真寺的命运。

著名史学家白寿彝先生在《中国伊斯兰史存稿》中有《跋吴鉴〈清净寺记〉》一文，专门对这篇碑文进行了研究。可惜的是白寿彝先生未能以整块《重立清净寺碑》所录的吴鉴全文进行史学分析，而是引用了明代何乔远编纂的《闽书》中的吴鉴“略文”（即全文的前半部分，至“征余文为记”）。白寿彝先生根据略文版本将吴记分为三大部分：“第一段言大食之风土。第二段言谟罕蓦德之教。第三段言清净寺之修建人及修建时期。”他指出，第一部分暴露了吴鉴“对于大食之史地知识之不足”，但他认为这些实不足病之，因为吴鉴对于伊斯兰宗教文化的记载“亦足珍矣”。白寿彝先生将《清净寺记》与中国历史上第一本系统记录“阿拉伯—波斯”伊斯兰文化的著作《经行记》并论，并称赞吴鉴之文“迄于今日，实尚未见一文足以当之”。用研究者张宗奇的话来说，吴鉴足以称得上是“真正能走入伊斯兰文化神圣殿堂并有所阐述的教外中国人”。

从碑文中我们可以看出，吴鉴在当时的环境下确属一位饱学之士，对伊斯兰文化的掌握不限于“尝闻长老言”，更在于其作为一个地方修郡志的学者本身就具有的广博包容的视野、学养和担当，促使着他对任何一种文化现象都抱有兴趣和关注。

另外，在碑文中提到“任达鲁花赤高昌偰玉立至，议为之征复旧物”一事。当时吴鉴受偰玉立委托主修《清源郡志》，为了彰显偰玉立的功德，特意说明自己“已著其事”。这为我们了解这部早已失传的《清源郡志》留下了一些细微痕迹。不仅如此，吴鉴紧接着又说：“今复详其废兴本末，俾刻之石，以见夫善教流行，义无所不达也。”显然，这是承接上文表述偰玉立的功德，并突出了吴鉴个人对偰玉立的赞扬，这与吴鉴在《重修谯楼记》中“偰侯至，举直黜回，奸壬革心；罢行适宜，风休雷奋，阖郡传犹神明”和“谓公真仁人，出一言而兴百世利”的赞扬相同，从中我们能够看出偰玉立与吴鉴之间的关系非同一般，偰玉立不仅让吴鉴为他主政的两处显赫功绩——谯楼与清净寺——都作文撰碑，并且委以重任，让他主修郡志，可见两人的友谊亦是当时一段佳话。虽然吴鉴本人的著作均已散佚，但是我们仍然能够通过吴鉴与当时名人之间的交游，探究与复原他的人生经历。

值得注意的是，在吴鉴写下《清净寺记》的同一年，《广州重建怀圣寺记》也得以勒石。吴鉴在文中提到的“至隋开皇七年，有撒哈八·撒阿的·斡葛思者，自大食航海至广，方建礼拜寺于广州，赐号‘怀圣’”，巧合般地在元朝广阔统治疆域下的至正十年（1350年）摩擦出了伊斯兰的“神幻”火花，见证了宋元中国世界海洋文化的多元、包容与开放。

吴鉴的《清净寺记》中也提道：“今泉造礼拜寺增为六七，而兹寺之废复兴，虽遭时数年，名公大人硕力赞赞，亦摄思广、益绵之有其人也。”记录了当时新造六七座礼拜寺，清净寺也得到了重建，各种外来宗教、外来文化在泉州的并存情况。这一文化现象又与悠久的商业交往历史密切相关。元末明初的僧人释宗泐所作《清源洞图为洁上人作》开头的诗句是：“泉南佛国天下少，满城香气栴檀绕。缠头赤脚半蕃商，大舶高樯多海宝。”从而形成了古泉州城市的独特气质。

第七编　直道终不废，高风宜见思

宋中令韩公忠献魏王祠堂记

宋·梁克家

碑　文

宋中令韩公忠献魏王祠堂记

乾（道）五年，泉州（太守为中令韩公）、（忠）献魏（王立祠）于州治之大隐庵。淳熙四年，公五世孙康卿（拜奠祠下）。及明年夏四月壬申，改作中令及公之祠。秋七月甲子讫事，康卿告飨如礼，来谂克家曰：“是举也，非康卿私其先，将以慰邦人无穷之思，愿乞文以纪岁月。”尝考景德中中令公以太常少卿知州事，魏公实生焉。中令公有德于此邦，邦人不能忘。及拜谏议大夫，召还，道及建阳而卒，邦人奔走千里，拜奠朝夕，哭，久不忍去。其后，魏公历相三朝，有大勋业。邦人曰：“是我谏议公之子，昔生于此邦者也。”则相与即州之堂，因其谥而名之，以著夫不忘之意。岁时奉祀，顾犹缺然。逮夫即庵以祠，绘事虽严，而堂宇制度曾弗之称。至是，易其旧贯，轮奂俨然，像设并崇，分左右室，佩金戴蝉，焜耀交映，瞻者起敬，罔不欢喜。盖古之为政，必因人心之所不能忘者，故物成而人说。夫以遗爱在人，（忠）勋嗣世，合而祠之，瞻敬一新，岂不真有以慰邦人无穷之思欤。克家顷使北虏，（过相）州，虏使者语及公，举手加额曰："公勋德威名，百世所仰，今昼锦堂固无（恙）。"公殁百余年，彼异域且知所尊敬如此，而况此邦之人哉？故附载于此云。又明年夏四月既望，资政殿大学士宣奉大夫知福州军州事兼管内劝农使充福建路安抚使马步军都总管清源郡开国公食邑五千七百户食实封二千三百户梁克家记。敷文阁学士降授中大夫知泉州军事兼管内劝农使蕲春郡开国侯食邑一千户韩彦直书。朝散大夫直秘阁知南外宗正事赵不敌篆盖。

（录文据《北京图书馆藏中国历代石刻拓片汇编》所收之拓片，残损处据《清源文献》卷第十二补）

译　文

宋中令韩公忠献魏王祠堂记

乾道五年（1169年），泉州太守为中令韩公（国华）和忠献魏王（琦）在泉州州治的大隐庵设立祠堂。淳熙四年（1177年），韩中令的五世孙韩康卿在祠下祭拜。到第二年夏四月壬申，韩康卿改立韩中令和韩魏公的祠堂。同年秋七月甲子完工，韩康卿依礼祭祀，来告克家说："改立韩中令和韩魏公祠堂之举，不是康卿偏爱自家祖先，而是要慰藉乡人们无穷的思念。所以请求您撰文以记录年月。"我曾考察景德年间韩中令以太常少卿知泉州，韩魏公确实生于泉州。韩中令对泉州有恩德，乡人们不能忘怀。到拜谏议大夫，召还京城，路过建阳而亡。乡人们奔走千里，日夜祭拜，大哭，久久不忍离去。后来，韩中令之子韩魏公三朝为相，建立大的功勋伟业。乡人们说：“这是我们谏议公的儿子，以前就生在泉州啊。”于是，他们共同到州治大堂，请求以韩琦的谥号“忠献”命名祠堂，以显示尊崇不忘的心意。虽然四季奉祀，但看起来仍有欠缺。等到以大隐庵为韩魏王祠堂，绘画虽整饬，但堂宇制度还不能与之相称。直到如今改变旧例，新的祠堂变得美轮美奂，两位韩公之像并加尊崇，分成左右二室，画像披戴金玉佩饰，辉煌交映，瞻仰的人都肃然起敬，没有不欢喜的。古人从政为官，必然要顺应人心不能忘怀的事物，所以祠堂立而人欢喜。韩中令公德惠留存，韩魏公勋业千秋，把两位韩公合并祭祀，瞻仰致敬，有一番新气象，这不真是慰藉了乡人们的无穷思念吗？克家不久前刚刚出使金国，路过相州，金国使者谈到韩魏公，举手与额头齐平以示尊敬说：“韩魏公功勋威名为百世后代所景仰，他以前在相州居住的昼锦堂也安然无恙吧？”韩魏公已殒没百余年，异国他乡尚且如此尊敬，更何况泉州的百姓。因而附记在此。又明年夏四月十六日，资政殿大学士宣奉大夫知福州军州事兼管内劝农使充福建路安抚使马步军都总管清源郡开国公食邑五千七百户食实封二千三百户梁克家记。敷文阁学士降授中大夫知泉州军事兼管内劝农使蕲春郡开国侯食邑一千户韩彦直书。朝散大夫直秘阁知南外宗正事赵不敌篆盖。

史　话

宋景德四年（1007年），韩国华以太常少卿知泉州，其间多惠政，有时誉，泉人受其恩惠，感念于心。大中祥符四年（1011年），拜谏议大夫，召还，途经建阳而亡。泉人千里奔丧，日夜祭拜，久久不忍离去，可以看出泉州人对韩国华的深厚感情。

韩国华的儿子韩琦“出将入相，勤劳王家”，得宋神宗御撰“两朝顾命、定策元勋”，可谓“社稷之臣”。而韩琦就出生于泉州府治之中。

南宋王十朋知泉州时，十分注重人文资源的挖掘和呈现，他对蔡襄、姜公辅、秦系等留下的遗迹都加以重建或整修，或修建祠堂作为人们崇敬瞻仰的地方。乾道五年（1169年）八月，他以郡圃大隐庵为韩公祠，并作诗以记之曰：“天开我宋太平基，紫府真人下应期。河朔魁梧出真相，泉南葱郁产奇儿。梦符蚌腹生珠夜，事应台躔捧日时。紫帽清源发光彩，郡园深处立新祠。”诗前有小序曰：“韩魏公生于泉南州宅，故未有祠，于典为缺。”从诗句中我们可以看出，王十朋希望通过祭祀韩氏父子，表彰他们的出色政绩，同时也传达地灵人杰的文化自信。

淳熙四年（1177年），韩国华五世孙、提举市舶司韩康卿，于泉州州治圃另建宋中令韩公忠献魏王祠堂，并请梁克家撰文记之。梁克家，字叔子，泉州晋江人，宋建炎二年（1128年）生，自幼聪敏过人，博闻强识，少有大志。绍兴二十九年（1159年）福建乡试第一，次年，会试、殿试皆为第一，状元及第。淳熙六年，梁克家知福州，正是此时写了这篇祠堂记。

该记于淳熙六年（1179年）四月十六日刻石，书写者为南宋名将韩世忠长子韩彦直，篆者为宋宗室知南外宗正事赵不敌。按《闽中金石略》记载，该碑“连额高一丈一尺七寸，广五尺八寸，十九行，行二十九字，字径二寸，正书。额篆‘宋中令韩公忠献魏王祠堂记’凡二行十二字”。明洪武初年，因改州治为卫署，祠堂遂废，该碑也被移立学宫，清末尚存。

南宋嘉定己卯年（1219年），郡守真德秀绘韩国华、韩琦、王十朋、颜师鲁等十八人像于泉州府学的名宦祠，以垂不朽。真德秀两度守泉，留下了《韩中令》《到任谒韩魏公祝文》《诸先贤祠祝文》等有关韩氏父子的文章。

泉州现存一方韩国华的像赞碑和两方韩琦的像赞碑，皆藏于泉州博物馆。韩国华的像赞碑名为《韩中令像赞碑》，为北宋欧阳修撰文，蔡襄书写，韩琦作记，其珍贵程度可比被称为三绝的《相州昼锦堂记碑》。现存的《韩中令像赞碑》除了北宋治平元年（1064年）欧阳修之文，还有南宋乾道九年（1173年）泉州知州汪大猷的识文，和明万历丙申年（1596年）泉州知府程朝京的跋。

现存的韩琦像赞碑，一方为《韩忠献王像赞碑》，另一方为《宋韩忠献魏公像碑》。这两方像赞碑中的韩琦画像完全一样，按《宋韩忠献魏公像碑》上的清道光乙未年（1835年）陈铣记可知，该碑正是由周凯重新临摹《韩忠献王像赞碑》而来。

泉人对韩琦父子的崇祀，从南宋郡守王十朋的倡导开始，延续至明、清、民国，前后近千年。而且，除了文字记录外，泉州民间至今仍流传着经典剧目《韩国华》（又名《连理生韩琦》《攀枝花》），在宋元南戏和泉州梨园戏中均有该剧。史实与戏曲不同之处在于，韩琦生母胡氏夫人并非戏曲中的婢女蔡连理，也没有母子分离、古庙认亲的情节。《韩国华》剧中韩琦波折的身世一方面是应戏剧创作的需要，另一方面也说明泉州人民对韩琦的喜爱，希望能和他有更多关联。

重修姜相墓摩崖石刻

宋·黄汝嘉

碑　文

秘书莆阳林公治泉之明年秋七月，既浹。命有司给公钱三万，指授南安摄吏黄汝嘉曰："唐直臣姜相墓岁久荒圮，不足昭遗烈。子为葺治之，毋侈故度，毋役齐民。环植之所宜以木，俾来者起敬焉。"汝嘉奉命惟谨，越二十有三日，报成。时淳熙丙午后七月戊申朏谨识。摄尉钱塘朱孝谨书。

（据墓碑原文整理）

译　文

秘书省正字莆田人林枅上任治理泉州的第二年秋七月，刚好任满一年。这时候林公命令有关部门拨出公款三万钱，指派南安的代理官员黄汝嘉并下令说："唐朝的直言谏诤之臣姜公辅的坟墓年久失修，早已荒废毁坏，这种情况下就没法彰显前人遗留的烈节和风操。你负责将它修缮治理一下，不要过度浪费财力，不要随意使唤平民百姓服劳役。墓旁四周应该种上树木，修缮后要能够使前来祭拜的人肃然起敬。"我黄汝嘉接受命令并以谨慎的态度去办，经过二十三天，把工程已经完成的消息上报给林公。这时候是淳熙丙午年（1186年）七月下旬戊申日，我黄汝嘉敬记。代理县尉钱塘朱孝敬书。

史　话

姜公辅（？—805年），字德文，爱州日南（今越南清化）人，是日南考上中国进士的第一人。又应较难的制策科，名列高等，授左拾遗，召入翰林为学士，足见其人的聪明博学。《旧唐书》本传中说他："才高有器识，每对见言事，德宗多从之。"这种"器识"正指的是姜公辅遇事往往有先见之明，能从大局着想，直言进谏。

关于姜公辅的器识与直言进谏，史书中叙述了两件事：一是建中四年（783年）十月，泾州发生兵变，朱泚被拥戴，建立政权，并举师犯阙，唐德宗仓皇逃出都城北门。公辅马前进谏说："朱泚尝为泾原帅，得士心。昨以朱滔叛，坐夺兵权，泚常忧愤不得志。不如使人捕之，使陪銮驾，忽群凶立之，必贻国患。臣顷曾陈奏，陛下苟不能坦怀待之，则杀之，养兽自贻其患，悔且无益。"从这段话中可以看出，事情发生前，公辅曾进谏：对待朱泚这样的藩镇力量，如果不能坦诚相待，就干脆将他们杀掉，以免后患。还曾劝谏，不如派人抓捕朱泚，要不然被反军拥立就不好办了。公辅所估计的两种后果，后来果然都一一应验。可惜唐德宗没有抓住时机来解决问题，以至于被迫逃出长安，差点失去政权。不过从这件事中，唐德宗也看到了姜公辅的才华，待车驾逃到奉天后，拜姜公辅为"谏议大夫，俄以本官同中书门下平章事"。相当于临危受命，担任宰相重任。

另一件事就是唐德宗在逃亡的过程中，长女唐安公主死去。非常钟爱公主的唐德宗在伤心中下诏厚葬，姜公辅进谏说："非久克复京城，公主必须归葬，今于行路，且宜俭薄，以济军士。"意思是非常时期，不宜厚葬公主。

姜公辅因直言而为相，但仅仅半年多时间，就因直言而被黜为左庶子、右庶子。到贞元八年（792年）时更贬为泉州别驾。究竟发生了什么，竟把姜公辅从都城长安贬到几千里外的泉州？历史没有详细记载，但恐怕和唐德宗后期猜忌刻薄的心态颇有关系。时也，运也，命也，机缘使然，姜公辅由此和泉州这座城市建立了紧密的关系。

姜公辅在泉州一共居住了十四年。他筑室隐居于南安九日山麓。在这里，姜相结识了当时隐居九日山东峰的秦系，两人对峰结庐而居，一起徜徉山水，诗酒唱和，友情甚笃。回想过去，一心为了皇上和江山社稷却换来贬谪的结果，倒不如让自己在这大好山水间伴着美酒引吭高歌。日子久了，姜公辅虽为外来之客，却在泉州建立起一个相当知名的"朋友圈"，这个圈子里的成员有：秦系、薛播、席相、欧阳詹等。姜公辅去世后，秦系为之料理后事。他将姜公辅葬于九日山东麓，墓碑题曰"唐相国忠肃姜公封茔"。

也许正因为这一场贬谪，给姜公辅带来了自己都没有想到的身后高名。因其曾担任宰相，他的墓被称作"姜相墓"，他隐居的九日山东峰，被称为"姜相峰"。南宋的王十朋郡守咏《姜相峰》说："相国忠如宋广平，危言流落晋江城。天资自直无心卖，何事青山亦得名。"又在《寄南安鹿宰》诗中，通过诗序记载了督促南安县令修缮秦君亭与姜相墓之事，并在诗中说"直道不终废，高风宜见思"。这正道出了他心中所想，即通过修复古迹，让后人在前人的"直道"与"高风"中耳濡目染，以淳化民风。

至南宋淳熙年间，泉州太守林枅深感姜相之德，每次登临九日山，必拜谒姜相墓、姜相峰。林枅又把修缮姜相墓的任务委托给了当时正在代理南安县令的黄汝嘉。林枅作为一位父母官，爱护子民是他的职责，他并没有丢下一句命令便不管不顾，而是耐心地提醒黄汝嘉

“毋侈故度，毋役齐民”。为纪念太守林枅的这一次感人至深的“追星”，黄汝嘉便在姜相墓后刻石一块，将林枅的功劳与姜相深深绑定在了一起。后人瞻仰姜相的同时，也永远不会忘记泉州还有林枅这样一位贤太守。

南宋嘉定年间真德秀来泉州作郡守，撰《姜相公祝文》说：“呜呼！公以鲠亮之资，尽言于猜忌之主。一斥不复，没于遐陬。然清风直节，千载而下，犹凛凛有生气。”其《谒姜相公墓祝文》曰：“呜呼！建中、贞元之相垂二十人，而以清名直道标表百代者，公与陆宣公而已。”“嶷嶷姜公，巉巉东峰。峰以姜名，千古并崇。我再来思，而再谒公。酹以一卮，怀哉清风。”明代傅凯也有《唐相姜公墓碑》曰：“树直节于当时，流芳名于后世。此大丈夫事也。”所有的怀念都源于其中所蕴含的高风直节。总之，自宋以来泉州为官、隐居或授业的人，大多数已经把姜公辅、秦系及与他们关联的史迹当成泉州文化的符号。这些文化符号将沿海之滨的泉州与中原政治中心紧紧联系在一起，与每一位来到泉州的人的心紧紧联系在一起。

蔡忠惠公祠重建记

明·柯潜

碑　文

蔡忠惠公祠重建记

泉郡城东北有万安桥。桥之南有故祠，祀宋端明殿学士、礼部侍郎赠吏部侍郎，谥忠惠蔡公者也。公年十八，举天圣庚午进士甲科，以到大之气，清粹之文，施之于官，敭历中外，伟然有重名。天下之人闻其謇谔之忠，神明之政，孰不竦敬而爱慕之！而独于泉有祠者，以在泉之日久也。公在至和、嘉祐间，尝两守是郡。其为政精明，破奸隐以除民害，劝学劝善，以振作士风。又以余力修馆舍、道路，以便往来宾使之人。而所谓万安桥者，其功最巨。他人累岁经营而不能就，公则谈笑成之。刻石志于岸左，而不自序其劳，于此又见公之盛德。不求知于人而人自感慕之，此祠所以作也。自始建迄今四百余年，其间屡坏而复修者，以公德泽入人之深，而人思之者，盖久而不忘焉。

成化庚寅之夏，都察院右副都御史滕公，自明奉敕来吾闽，考察吏治，述省民风。入泉之境，谒公祠下，顾瞻裴回，见其栋宇垂敝，退而谕所司，广而新之。时布政司参政赵君鸣盛，按察司佥事游君大升，黄君自立，皆以分巡在泉，共相斯举。既毕事，知府徐君源专价致书属予记。

予惟君子之为政，贵于有关风教，则所操者约而所就者大以遐，苟徒劳心于刑讼征赋之末务，虽戒令谆谆而民听之藐藐，欲有所就，得乎？

滕公慕公之为人，过吾莆既修其墓，而又饬新是祠，其有关于风教也大矣。故□□所至，善类有所感而益劝，奸豪有所惮而不为。灾沴旋回，百谷登稔，山区海徼之民，咸得遂其所乐熙熙焉。圣天子覆被之仁信，所就者大以遐，可以归而告成于……当宁矣。后有将使命而来者，闻滕公来宣德意，得感化之要，将必效而为之，则是祠永终不坠。而吾闽之人得遂其乐者，亦岂有穷哉！

是岁冬十月，中顺大夫詹事府少詹事兼翰林院学士经筵官同修国史莆田柯潜记。

直文渊阁征仕郎中书舍人清源何观篆额。

文华殿征仕郎中书舍人银同张苗书丹。

（原碑在今洛阳桥南蔡襄祠内，今据原碑录文）

译 文

蔡忠惠公祠重建记

泉郡城东北有座万安桥。万安桥的桥南有一座古老的祠堂，是用来祭祀宋代端明殿学士、礼部侍郎赠吏部侍郎蔡襄的，他的谥号为忠惠公。蔡襄十八岁考中宋仁宗天圣八年（1030年）进士甲科。他凭借刚直正大的气魄、清新纯粹的文德在职处理事务。他扬名中外，卓异超群，名声盛伟。天下之人听闻蔡襄有正直敢言的忠心，又有神明般的理政能力，谁不敬重又爱慕他呢！然而现在唯独泉州有蔡襄的祠堂，正是由于他在泉州做官的时间比较长。蔡公在至和、嘉祐年间曾经两次担任泉州的太守。他为政精明，揭露奸人罪行，为民除害，劝诫乡人求学向善，振作士风。他又以余力修建馆舍、道路，为往来的宾客使者提供便利。修建万安桥，蔡襄的功劳最大。其他人多年修建此桥都不能成功，蔡公则在谈笑间很轻松地完成。他在万安桥的岸左刻上石志，而不提自己的功劳，由此也可以窥见他的厚德。蔡公不求别人知晓其功，而人人却自觉地仰慕他，这就是人们建忠惠蔡公祠的原因啊！这座祠堂自兴建到现在已有四百多年了，其间多次毁坏，又多次得以修复，这是因为蔡公德泽深入人心，人们心中怀念，久久不能忘记他啊！

明宪宗成化庚寅年（1470年）夏天，都察院右副都御史滕公，从明州奉敕来福建考察吏治，省察当地民风。他来到泉州境内，拜谒于蔡公祠下，环视徘徊，见其祠堂濒临破败，回去告诉管理人员要扩宽并重新修建。当时布政司参政赵鸣盛，按察司佥事游大升、黄自立，三人分别在泉州地区巡视吏治，于是就一起谋划重修的事。等到祠堂修建完毕，知府徐源专门致书嘱咐我写记。

我认为君子为政，贵在重视风俗教化，就可以从事简约的事务而成就伟大而长久的事业。如果白白地劳心于打官司、征赋税这些琐碎末事，虽然靠谆谆告诫，百姓也不会听从在意的，想要治理好地方，能达到吗？

滕公仰慕蔡襄的为人，路过莆田，既修建其墓，又修整其祠堂，对于本地风俗和教化的影响一定是巨大的。因此□□所到达的地方，向善者感怀其行而更加勉励自己，奸豪之人有所忌惮而不敢胡作非为。灾害会离开，百谷会丰收，山区海角的百姓都能过上其乐融融的生活！圣天子施行仁信，所得的成就就是这么广大辽远，使君可以回去禀告这里的成就与安宁了。后来有派遣到福建泉州的人，听说滕公来福建宣布圣上德意，能够抓住感而化人这一要旨，必然会效仿，也这样做，那么这座蔡襄祠必将长久传承下去。我们福建的人民遂心如意之乐，哪里会有尽头呢！

是岁冬十月，中顺大夫詹事府少詹事兼翰林院学士经筵官同修国史莆田柯潜记。

直文渊阁征仕郎中书舍人清源何观篆额。

文华殿征仕郎中书舍人银同张苗书丹。

史　话

中国古代官员大都由文人群体构成，其自身的政治素养一部分来源于道德层面的文化积累。以泉州诸贤守为例：王十朋，号梅溪，有《梅溪集》传世；真德秀，号西山，有《西山文集》传世；偰玉立，号止堂，有《世玉集》传世……有些郡守以文著称，文胜其政；有些郡守以政著称，政过其文；但最能使人称道铭记的，实际是那些政声与文气并举的郡守，蔡襄即是其一。

在泉州人民的记忆中，蔡襄似乎早已建立起一个高大贤明的政治人物形象，他凭借着千古传颂的利民事迹而广为人知。实际上，蔡襄在文学方面有着极高的天赋与才华。这种天赋没有被蔡襄用来肆意挥霍，他很少让自己寄情于山水酒乐，快意人生。反之，蔡襄将自己从政的使命意念与文学上关注社会现实的表达融为一体，观其政则可见其文如何，观其文则知其政如何。在三十七年的从政生涯中，他的政绩无一不和文学有关。

公元1036年，景祐党争起。有一天，朝中传出吏部员外郎范仲淹连上四章论斥吕夷简使国家恐有“新莽之祸”，旋遭罢黜。事未结束，朝臣提出应将其“朋党”公之于众，舆论哗然。只有三位秉持正义的勇敢者挺身为范仲淹辩护，史书记载：“余靖论救之，尹洙请与同贬，欧阳修移书责司谏高若讷，由是三人者皆坐谴。”刚刚二十五岁的蔡襄得知事情原委后，义愤填膺，落笔写下名垂青史的《四贤一不肖诗·右尹师鲁》，诗中云：“廷臣谏列复钳口，安得长喙号丹墀。”“呜呼古人不可见，今人可见谁与明。”“当年亦有大臣逐，朋邪隐缩无主名。希文果若事奸险，何此起士同其声。”蔡襄不平则鸣，一鸣惊人，他的胸中块垒伴随着自己的政治理想抱负全都吐露在诗歌当中，抨击着蒙蔽且黑暗的现实。诗歌创作完成后，蔡襄不仅没有受到处罚，反倒是京都人士争相抄写，“鬻书者市之，得厚利。契丹使适至，买以归，张于幽州馆”。蔡襄的文学创作大获成功，实际上正是他的正直之心得到了天下百姓的认可的体现。

蔡襄的仕途一路顺风，《宋史》记载：“帝遇之益厚，赐其母冠帔以示宠，又亲书‘君谟’两字，遣使持诏予之。”后来，出于方便照顾亲人的原因，蔡襄回到福建地方任职。蔡襄本是兴化军仙游县人，他对于家乡的一草一木都充满着无限的情感。他更加知道自己的家乡远在海陬，蛮荒之地，陋习颇多。正因为对闽省情况有了如指掌的把握，他在福建开始了一系列整顿民风的改革。当时，闽中地区百姓看病几不求医，反而轻信巫筮鬼神之说；又有一个习俗，村里凡是有一家要举办佛会，必定要和之前其他家攀比，如果比输了就会深感耻辱羞愧，同村人也会嘲笑他家。这就导致了有许多民众整天参加这些宴会，以至于一个村有成百上千人游手好闲。蔡襄听说了这些事情后感叹：“弊有大于此耶？”他当即下令禁止巫术传播，“择民之聪明者教以医药，使治疾病”。对于那些无赖，“其子弟有不率教令者，条其事作五戒以教谕之”。他亲自创作了《圣方后惠序》一文，高呼“作天下之美利者，皆圣人之事”的口号，表明自己作为官员应当引导风俗转变的决心，将其文刻字于碑，以彰教化。

不仅如此，蔡襄还动员本省官吏，让他们发动百姓，在从福州至泉州、漳州的七百余里的大道旁栽植松树，用以荫庇大道，供人乘凉。有民谣颂曰："夹道松，夹道松，问谁栽之，我蔡公；行人六月不知暑，千古万古摇清风。"宋仁宗至和、嘉祐年间，蔡襄两度知泉州事。他在任期间力克艰险，建造了泉州海上石桥建设的翘楚——洛阳桥。这座天下第一的跨海大桥历时六年八个月，终于在嘉祐四年（1059年）十二月正式告成，使泉州百姓的出行转危为安。为此他写下了《万安桥碑记》记述此事，并勒石于岸。后来，王十朋在洛江边感叹蔡襄"有济川之才，而不至于大用"。这侧面说明了蔡襄格外重视家乡地区水利建设。当时泉州连年旱灾，他妥善调动民力，妥善规划水源，并且制定了《龟湖塘规》，从而有效地减少了泉州地区百姓的用水纠纷。另外，他又在郡南小乌石山上寻得一泉，专供百姓饮用灌田。蔡襄在泉州留下了许多诗文足迹，在郡治爱松堂中，他题诗"偏爱东堂砌下松"，他又曾多次登临南安九日山，留下《题建造寺奉先院》一诗和摩崖石刻一块。王十朋登临九日山，看见蔡襄诗文遗迹，"其真迹犹在，凛然有生意，如见其正颜色坐黄堂时也"。可以说，蔡襄与泉州的联系十分密切。柯潜在碑文中提到"其为政精明，破奸隐以除民害，劝学劝善，以振作士风。又以余力修馆舍、道路，以便往来宾使之人"，就是蔡襄在泉州为政的最好总结。

在文化方面，蔡襄的事迹被载入《宋元学案》卷五《古灵四先生学案》中。当时"闽人多好学，而专用赋以应科举"。蔡襄延请一大批经学先生，"诲诸生以经学"，即用儒家经术教导学生，从学者常至数百人。蔡襄还亲自到学生们学习的地方，拿着经书和学生们一起论学，学生们都拿他当作学习的表率。蔡襄留有《莆阳居士蔡公文集》三十六卷，内容涵盖了他所创作的古诗、律诗、箴铭、疏状、序文、奏议等。该集收录王十朋序一篇，在序中，王十朋追忆自己接触蔡襄遗迹的点点滴滴，大赞蔡襄之文“实出于气”，为“天下之刚者”，并劝天下读书人要学习蔡襄为文之刚，“先涵养吾胸中之浩然，则发而为文章事业庶几无愧于公云”。

蔡襄的密友欧阳修也在蔡襄去世后撰《端明殿学士蔡公墓志铭》，总结了蔡襄忠贞惠洁的一生：“谁谓闽远，而多奇产。产非物宝，惟士之贤。嶷嶷蔡公，其人杰然。奋躬当朝，谠言正色。出入左右，弥缝补益。间归于闽，有政在人。食不畏蛊，丧不忧贫。疾者有医，学者有师。问谁使然，孰不公思？有高其坟，有拱其木。凡闽之人，过者必肃。”

“架桥天地老，留笔鬼神惊。”蔡襄已然成为泉州文化的丰碑。如今走过洛阳桥，你是否会停下脚步，向岸边的蔡襄巨像瞻仰致敬呢？

第八编　家声世泽，仁骨道心

唐故颍川陈夫人墓志

唐·许元简

碑　文

唐故颍川陈夫人墓志

夫给事郎前行泉州参军许元简撰。

室人其先颍川人也，汉丞相平之后。高祖任福州长乐县令，秩满，家于福唐，亦长乐之邻邑也。曾祖僖，爱仁好义，博施虚襟，俊乂归之，鳞萃辐辏，故门有敢死之士，遂为闽之豪族。时闽侯有问鼎之意，欲引为谋。乃刳舟剡楫，罄家浮海，宵遁于清源之南界，海之中洲，曰新城，即今之嘉禾里是也。屹然云岫，四向沧波，非利涉之舟，人所罕到。于是度地形势，察物优宜，曰可以永世避时，贻厥孙谋。发川为田，垦原为园，郡给券焉。家丰业厚，又为清源之最。终身不仕，以遂高志。

祖仲禹，幼资经术，弱冠游于京师，既而授广州番禺县丞。伯元通，任歙州婺源县令。父元达，任虔州虔化县丞。夫人幼独承颜，终鲜兄弟，闺仪壶则，有若生知，宛顺柔和，实资天性。年十七归嫔于我，韵谐琴瑟，气合芝兰，誓愿同心，始终偕老。何图产后六日，痢疾所婴，时大中十一年龙集丁丑八月十四日，终于晋江县南俊坊之私第，春秋廿三。有子二人，长曰骥儿，方兹六岁；次曰小骥，生未浃旬，而夫人谢世。呜呼！日月逝矣，窀穸有期；丹旐启途，青乌用事。以其年十月十三日丁丑，窆于晋江县鸾歌里石井村张境之东原。礼也，古者墓有志，志有铭。志，记也；铭，名也。惧陵谷之迁变，所以纪其墓焉。铭曰：

坤向山，巽流水。申未朝，寅卯起。哀哉！室人葬于此。惟我室人，秾华桃李。惟其令德，采苹于沚。天与淑姿，不与年祀。十七归我，九族咸美。廿三亡，谁不痛矣。况仆之哀，岂易言耳。呜呼，予百年之后兮，亦当归祔于止。

（原碑今藏海外交通史博物馆，据原碑及拓片整理）

译文

唐故颍川陈夫人墓志

丈夫给事郎前行泉州参军许元简撰写。

吾妻的先祖来自颍川，是汉朝丞相陈平的后代。她的高祖担任福州长乐的县令，任期届满后，在福州福清县安家，也是长乐县临近的县邑。曾祖陈僖，重仁爱义，经常施舍救济他人，胸怀淡泊自适，豪杰之士纷纷前来归附，甚至一些敢死的武士也投奔而来，就这样陈氏成为闽中的豪族。当时的闽侯有篡权称霸的意图，想要招引陈僖共同谋议。于是陈僖带领全族制作舟楫器具，举家乘船漂浮海上，乘夜逃到清源南边、海中间的陆地上，叫作新城，即今嘉禾里。此地矗立于云雾缭绕的峰峦间，四周围绕着碧波，除非乘坐舟楫，否则很少有人能踏入此地。于是陈僖便观察审视此处的地理状况，细查此地风物优长适宜所在，说可以世代在此处避开乱世纷争，造福于后世子孙。于是变河流为良田，开垦荒原为园圃，州郡亦发放契据给他们。他们家业丰厚，又成为清源郡的望族首富。此后，陈僖终生未做官，实现了自己高洁的志向。

吾妻的祖父陈仲禹，幼时就学习经学，成年后游学京师，之后任职广州番禺县丞。吾妻的伯父是陈元通，任职歙州婺源县令。父亲陈元达，担任虔州虔化的县丞。吾妻幼时独自侍奉尊长，缺少兄弟，闺中的礼仪准则，仿佛生来就知晓，性情温婉柔和，实在是天性使然。十七岁时嫁给我，我们夫妇如琴瑟一样韵律和谐，如芝兰一样香气缠绕，起誓愿结同心，白头偕老。哪里想到生产后六日，身染痢疾，值唐宣宗大中十一年（857年）岁次丁丑八月十四日，在晋江县南俊坊的私宅去世，时年二十三岁。有两个儿子，年长的叫骥儿，才六岁；次子小骥，刚出生还不到十天，而吾妻却已离世。呜呼！时间飞逝，人终有去世安葬的一天；送葬的幡旐已经启程，堪舆家也已相好坟地风水。在这年十月十三日丁丑，葬在晋江县鸾歌里石井村张境的东原。根据礼法，古人的墓有志，志有铭。志，为记载；铭，为留名。怕沧海桑田，世事变迁，所以撰写这篇墓志铭。铭曰：

坤向山，巽流水。申未朝，寅卯起。哀哉！吾妻埋葬于此地。我的妻子，像桃李花一般艳丽美好。她美好的品德，如《采苹》所称赞妇女的品行一般。上天给予她淑美的姿容，却未赋予她长久的年岁。十七岁嫁给我，九族都赞美她。二十三岁英年早逝，谁能不痛惜呢？何况我心中的哀痛，又岂是能轻易说出口的。呜呼，我百年之后，也将与你合葬在此。

史　话

这是唐代大中十一年（857年）泉州一位叫许元简的给事郎参军给他的亡妻陈氏写的墓志。碑额篆刻“唐许氏故陈夫人墓志”九字。最上层镌刻精美云纹。陈氏十七岁嫁给许元简，生有二子。在生第二个孩子的时候，生病离世，年仅二十三岁。一个悲惨但情真意切的故事，就这样被记载在了一方石头上。这方墓志铭在1973年出土。这块碑文的意义不仅在于凄哀的爱情故事本身，还在于碑文中所叙述的女方背后的颍川陈氏家族，与厦门开发历史相关联的一段往事。

许元简很爱自己的妻子，爱屋及乌，他将叙述的笔墨更多集中在妻子颍川陈氏的家族历史上。向上追溯，陈氏的高祖曾任福州长乐县令，秩满后迁居福唐（今福清市）。曾祖陈僖，在安史之乱时为“闽中豪族”，身旁汇聚了一批能文能武的俊杰之士。当时的闽侯想要拉拢他起事称霸，他为了躲避乱世，制作舟楫乘船渡海，来到了厦门嘉禾里这个地方，“发川为田，垦原为园，郡给券焉。家丰业厚，又为清源之最”。这成为厦门岛开发的最早记录。

陈氏的祖父陈仲禹，授广州番禺县丞；伯父陈元通，任歙州婺源县令；父亲陈元达，任虔州虔化县丞。宋熙宁中同安县尉张翥所作《薛岭》一诗咏曰：“衣冠陈氏族，桃李薛公园。场老遗文古，岩僧旧迹存。苔矶荒碛岸，金榜勒瑶琨。已怜松特异，尤喜石能翻。”过去对于开发厦门有“南陈北薛”的说法，这里的“南陈”一般认为是南唐文士陈黯，见于万历《泉州府志》及《闽书》等典籍。但如果真正说“衣冠陈氏族”的话，当以陈僖一族最为接近。他的儿子、孙子辈及其外戚中多人为朝廷官员，当时的陈氏家族的社会政治地位应该是比较高的。这样也就将厦门的开发历史向前推了200多年，而且还为

8世纪中叶福建的造船业和航海事业提供了很好的证明。[1]

通过这方墓志，我们也可以看出，不论是唐代还是宋元，在中国古代的发展进程中，家族无论在文化传承还是地域开发建设方面，都起到了不可忽视的重要作用。

1 见吴幼雄等：《泉州史迹研究》，厦门大学出版社1998年版，第146—147页，刘志诚：《最早记厦门历史的文物——唐许氏故陈夫人墓志》，《福建论坛》1986年第2期。

武肃王神道碑铭并序

唐·徐夤

碑　文

武肃王神道碑铭并序

大唐检校左散骑常侍兼御史大夫权知泉州加金紫光禄大夫检校工户兵三部尚书转左仆射琅琊郡开国子进封司徒开国伯食邑七百户谥武肃王神道碑铭并序。

乾宁进士修职郎秘书省正字莆阳徐夤撰文。

左赞善大夫四川制置等使兼都辖清漳陈权篆额。

朝请郎潮州揭阳县令三山郑贵书丹。

公讳审邽，姓王氏，字次都，其先琅琊人也。以太祖就禄光州，因家是郡。唐赠光禄卿、讳友名之曾孙，而秘书少监、讳卞之孙，赠太尉光州刺史、讳恁之第二子。

公兄潮，材气勇略，誉播乡邦，尤善招怀离散，众多归之。福建节度使陈岩，既向其名，以所属泉州求牧，列状举请。乾宁元年六月，以检校右散骑常侍兼御史大夫牒权州事。既到任，颇著嘉声。后岩在军病笃，不能亲视政事，军士等惧无统驭，皆愿有所依归。泉牧遂以郡委公，而与季弟审知偕同赴福莅事。

公在任，奖善屏恶，革弊除奸，三军无哗，百姓有幸。乾宁丙辰夏四月，敕拜左散骑常侍。四年四月，加工部尚书。光化元年戊午春二月，奉敕加金紫光禄大夫检校户部尚书。光化庚申，加兵部尚书琅琊郡开国男。天复元年，加左仆射，进封开国子。是岁秋八月，诏授威武军节度副使。天复二年，加司空。三年，加司徒，进封开国伯，食邑七百户。

公天性纯笃，器宇宽洪，居镇十二载，勤劬为牧，俭约爱民，童蒙诱掖，学校兴举，制度惟新，足食足兵，恪尚释老之教，崇奉上善之因。佛刹梵宫，桥梁道路，舍财修建，日丽飞鹰，霞攒彩槛，实冠诸邦。与弟王审知，联守两镇，韵契篪埙，政侔鲁卫，可谓高明辉映，超绝一时者矣。

以天祐甲子春二月初十日卒位。公生大中戊寅年六月廿二日申时，至是终，享年四十有七。葬于泉州东郭皇绩山之东北，赐谥武肃王。

娶李氏，封陇西郡夫人，侧室上官氏，封硕人，后公四年十月卒，亦葬是山。

子四，曰延彬，金紫光禄大夫左仆射，封琅琊郡开国男。曰延桢，帅汀州。曰延美，漳州刺史。曰延武，行营都统使。女一，适靖海节度使刘隐。孙四，曰继崇、继枢、继业、继勋。曾孙一，曰传懿，尚幼。以乙丑岁三月壬辰毕窀穸，其孤延彬侪请铭勒于碑，寅奉命。

谨按：王氏胙土命氏，源流衍派，代跻其美，史不绝书。今公葬地，以皇者天皇，绩者勋绩，因以名山，天生吉人，地生吉穴，以公之命自天，以公之勋盖世，得斯地也，诚无忝焉。

遂为铭曰：

将以武用，牧以文权。允文允武，惟公为全。

桓桓武肃，奋迹光州。祚传世远，材冠时流。

政教兼隆，泉人仰德。勤劬临莅，条章有则。

天宠特异，万古英风。惟邦惟翰，以侯以王。

锄逆抚顺，恩威并隆。在镇一纪，茂绩丰功。

继继绳绳，孙子其昌。勒碑贞珉，永世无疆。

唐天祐四年丁卯冬十一月既望建立。

承事郎泉州佥书节度判官清溪蔡颖镌字。

（原碑未见，今据武肃王王审邽墓前重刻碑录文）

译文

武肃王神道碑铭并序

大唐检校左散骑常侍兼御史大夫权知泉州加金紫光禄大夫检校工户兵三部尚书转左仆射琅琊郡开国子进封司徒开国伯食邑七百户谥武肃王神道碑铭并序。

乾宁进士、修职郎、秘书省正字、莆阳徐夤撰文。

左赞善大夫、四川制置等使兼都辖、清漳陈权篆额。

朝请郎、潮州揭阳县令、三山郑贵书丹。

武肃王名为审邽，姓王氏，字次都。他的祖上是山东琅琊郡人。因为家族中太祖出仕任职光州，于是就在这个地方安家。王审邽是唐赠光禄卿王友名的曾孙，秘书少监王下的孙子，赠太尉光州刺史王恁之的第二个儿子。

他的兄长王潮，才气兼备，英勇刚健富有智谋，美好的声誉在家乡广为传颂，尤其善于招抚离散之人，许多人都来归顺他。福建节度使陈岩早已仰慕他的名声，正好用自己治下的泉州需要一个牧宰的理由，写下委任状推选他，请他出仕为官。乾宁元年（894年）六月他以检校右散骑常侍兼御史大夫的文书管理州内之事，到职上任后，赢得了极好的声誉。之后陈岩在军中病势严重，不能亲自处理公事，兵卒们担心无人统帅他们，都愿意归顺王潮。王潮便将泉州委托王审邽治理，而他与最小的弟弟王审知一同去往福州处理事务。

王审邽到任后，褒奖美善，摒除邪恶，革除弊害，消灭奸佞，三军肃静信服，百姓安居乐业。乾宁丙辰年（896年）夏季四月，敕封为左散骑常侍，乾宁四年（897年）四月，任命为工部尚书。光化元年（898年）戊午春季二月，奉皇帝的命令授予为金紫光禄大夫检校户部尚书。光化庚申年（900年），加兵部尚书琅琊郡开国男。天复元年（901年），任命为左仆射，晋封为开国子。这一年秋季八月，授职威武军节度副使。天复二年，加封司徒。天复三年，加封司空，晋封为开国伯，赏赐田邑七百户。

王审邽品性淳朴笃实，仪表气度非凡，心胸宽大，镇守十二年，做官勤苦劳累，俭约爱民。劝导教育儿童，兴建学校，更新制度，足食足兵，崇尚信奉佛教和道教，尊奉至善之道。佛寺宝刹，桥梁道路，他都愿花费大量钱财去修建，他修建的地方常常有阳光洒在像飞鹰一样的屋檐、霞彩聚集在彩色栏杆上的景象，实为各地之最。他与弟弟王审知，联合守护两镇，兄弟和睦像埙、篪和谐演奏一样，治理政事如鲁国和卫国一样，可以说是日月辉映，超群不凡。

王审邽在天祐甲子年（904年）春季二月初十日去世，他生于大中戊寅年（858年）六月二十二日申时，到此终止，享年四十七岁。葬于泉州东边外城皇绩山的东北，赐谥武肃王。

娶妻李氏，封为陇西郡夫人。侧室上官氏，封为硕人，在王审邽逝去四年后的十月离世了，也葬于皇绩山。王审邽有四个儿子，王延彬，官任金紫光禄大夫左仆射，封为琅琊郡开国男。王延桢，统帅汀州。王延美，官任漳州刺史。王延武，为行营都统使。有一个女儿，嫁给了靖海节度使刘隐。

有四个孙子，分别是王继崇、王继枢、王继业、王继勋。有一个曾孙，名王传懿，尚年幼。乙丑年（905年）三月壬辰下葬结束后，他的儿子王延彬等人请我撰写碑文以刻于石，我接受这一邀请。

我听说，王氏家族受帝王恩赐而有了姓氏，开创源流成为衍派，世代延续美名，都见于历史记载。现在王审邽埋葬的地方，皇代表着天皇，绩代表着功绩，以之命名此山。上天诞下吉人，大地生有吉穴，王公生有天命，凭借着功勋盖世，所以得到这处地方，实在是不玷辱的。

于是作铭言：

将军是来作战的，州牧是来治理的。文武合一，只有王公二者兼得。

王公如此英明威武，他的事迹遍布九州。王氏家族传代已久，而王公的才能又为当时一流。

他在政治和教化方面都有所成就，泉州百姓无不仰慕他的恩德。他勤勤恳恳亲自办事，每一件都井井有条，富有章法。

上天特别赋予他独特的才能，使他拥有自古以来的英雄气魄。凭借着治理功绩和文采，他的功劳足以封王封侯。

他铲除叛逆抚慰顺民，恩威并施。他镇守十二年，获得的功绩数不胜数。

这些功绩传承下去，子子孙孙都能够兴盛。在这里刻下石碑，王公他万世不会被忘记。

唐天祐四年（907年）丁卯冬季十一月既望建立。

承事郎泉州佥书节度判官清溪蔡颖镌字。

史　话

王潮、王审邽、王审知三兄弟，出自琅琊王氏，光州固始（今河南省固始县）人，于唐末入闽，五代初主政闽地，史称“开闽三王”。王审邽（858—904年），字次都，排行第二。

三王入闽后，王审邽协助兄长王潮治理泉州七年，任泉州刺史达十二年。勤政爱民，自奉俭朴，轻徭薄赋，重视农桑，疏江治港，招引外商，促进中外经济文化交流，发展经济；奖励生产，不失农时，足食足兵；又革新制度，兴办义学；设招贤院，广纳名儒硕士，发展文教事业。王氏兄弟笃信佛教，舍财修建大量寺院，乾宁四年（897年）十一月，王审邽重建开元寺，佛殿、钟楼、经楼落成。他们的治理使得福建成为当时战乱不断的中国大地上一方安定的土地，于是大批中原公卿士族相继入闽避乱。《十国春秋·武肃王审邽》记载：“中原乱，公卿多来依闽，天复二年（902年），王审邽遣子延彬作招贤院礼之，振赋以财，如唐右省常侍李洵，翰林承旨制诰兵部侍郎韩偓，中书舍人王涤，右补阙崔道融，大司农王标，吏部郎中夏侯淑，司勋员外郎王拯，刑部员外郎杨承休，弘文馆直学士杨赞图、王倜，集贤殿校理归传懿，及郑璘、郑戬等，皆赖以免祸。”道光《晋江县志·王审邽》中记载：“时中原多故，学士故老多避乱来依，审邽遣子延彬作招贤院礼之。如李洵、韩偓、王涤、崔道融、王标、夏侯淑、王拯、杨承休、杨赞图、王倜、归传懿、郑璘、郑戬等，皆赖以全。”先后出入该院的名士还有秘书省正字徐寅、右拾遗户部员外郎京兆府参军翁承赞和太学博士倪曙等人。

由于王氏兄弟政绩显著，与中原的战乱频发、民不聊生局面形成鲜明对比，王审邽被累封工、兵、户三部尚书，授威武军节度副使，封开国侯，赐谥武肃王。道光《晋江县志·王审邽》曰：“唐乾宁元年权泉州刺史，三年实授，四年加工部尚书，五年加金紫光禄大夫、检校户部尚书；光化二年加兵部尚书、琅琊郡开国男，三年加左仆射，进封开国侯，寻授威武军节度副使；天复二年，加司空，三年加司徒，进封开国公，食邑七百户。”

王审邽天祐元年（904年）二月卒于任上。其墓位于今泉州市区东郊凤山之麓、草邦水库西北侧。因徐夤所撰《武肃王神道碑铭并序》中有“皇者天皇，绩者勋绩”句，后人即名其山为“皇绩山”，民间讹称“皇迹山”。

值得称道的是，开闽三王中大哥王潮去世，有意将王位传于三弟审知，审知让二哥审邽，审邽坚辞不受，这样三王顺利完成了权力交接，保证了福建这一方土地权力过渡时期的安定发展。在处理与其他政权关系时，王审知听从劝谏，终其一生不僭帝号，主张“宁为开门节度使，不作关门天子”，也很好地减少了无谓的厮杀争斗。

可惜的是，王审知的政治思想并没有传承下去，王审知一死，几个儿子争斗权位，荒淫失道，称王称霸，导致了闽政权的灭亡。幸好泉州在王审邽长子王延彬的治理下，依然保持安定和谐的局面。王延彬管理泉州20多年，被百姓奉为“招宝侍郎”。《十国春秋·王延彬传》曰：“延彬再任泉州，前后历二十六年，吏民安之。每发蛮舶，无失坠者。时谓之‘招宝侍郎’。”道光《晋江县志》也称其“息民下士，能继父志，前后在任二十六年，岁屡丰登，复多发蛮舶以资公用，惊涛狂飙，无有失坏，郡人藉之为利，号‘招宝侍郎’”。

清源郡先太夫人墓志

宋·傅自得

碑文

清源郡先太夫人墓志

先夫人姓赵氏，崇宁宰相、清宪公挺之之幼女。年十九归先待制府君。先君年三十七，宣和末，奉使大金，首以全节死国事，太夫人哀毁过礼，守节自誓。倾资橐供佛饭僧，盖不膏沐者逾三年，终其身不复御铅华。遭时方乱离，资产荡空，挈携诸孤，自中原南度，转徙领表，极其险阻艰难，晚乃寓居于泉州。

既素匮于财，太夫人清苦勤俭，自力以成其家。食饮服用，自少至老，未尝随俗，少徇华靡。至于祭祀、宾客之奉，则必戒蠲洁。训诸子一以礼法，少或戾于义，辄对之终日不食，而谓之曰："待制亡身殉国，汝曹如许，其何以持门户耶？"言发涕流，继以号恸。以故，自得兄弟持官持身，不敢豪发自恕。

太夫人生三子：长曰自强，右朝请大夫，主管台州崇道观，尝守延平郡，以岂（恺）弟廉平称，秩满连丐外祠，以便庭闱之奉；次曰自得，右奉议郎，知兴化军；次曰自修，右朝散大夫，新除两浙东路提举常平茶盐公事。自强等既列朝籍，间遇天子郊祀上帝，或朝廷讲大典礼，推恩天下，未尝不及太夫人，累封令人、硕人、淑人。隆兴二年，始疏汤沐于永嘉，后更通义、清源两郡。两女：长适右朝请大夫权发遣惠州军州事赵悰，早卒；次适故右通直郎致仕黄逸。孙男九人，曰：伯高，右迪功郎，新差监行在文思院上界门；伯寿，左迪功郎，新差充建昌军军学教授；伯禄，右迪功郎，新差监行在编估打套局门；伯成，左迪功郎，充明州州学教授；伯益，右迪功郎，新授潮州潮阳县主簿；伯召、伯祥、伯瑞，未冠，皆业进士；拱老尚幼。孙女八人，皆适名族。曾孙男女合五人，曰重孙、永孙、通孙、清孙、源孙。

乾道五年夏四月戊子，自得奉安舆，再临莆郡，太夫人欢然就养。先是自修守潮州，拊民殄盗，以治最闻，天子嘉之。既下增秩褒陟之诏，逾二时矣。五月丁卯，申锡浙东之命，邸吏以状报。自得再拜，为太夫人贺，太夫人曰："汝兄弟闲弃日久，今圣天子一旦褒擢，委以符节，汝辈宜悉心奉公，以图称塞上恩，庶几不坠其家声，吾死瞑目矣！"因泣数行下，曰："吾闻忠谊之门，其后必大。吾老矣，惧不能久于兹世，安享汝曹之养，而不及见汝曹立事赴功，以大傅氏之门也。"自得亦泣。太夫人则屈指以计自修之还期，曰："大都不过两晦朔，其必至此矣。汝当为我招大兄来，同为十日欢。"自得曰："诺。"后数日，命轻车至郡圃，举酒属自得，使同饮釂。六月戊戌夜，漏上三刻，忽以微疾就枕。自得亟取常所御汤剂及丹砂投之，比明良愈。辛未日加未申，颜色犹红润，精神略不衰乱。与自得语如平时，曰："吾年来所恃粥与酒耳，今二者俱不能进，殆将不起乎？"薄暮，疾证骤变，痰上而加喘逆。自得仓皇失措，自乙夜达旦，药石之不能投，祷祠之不暇及，号天叫地，竟即大罚。亟以书招大兄，后三日至，则无及矣。又七日辛巳，自得兄弟徒跣，奉太夫人之丧发兴化。秋七月丙辰，还次泉州，权厝于城东之法石寺。

呜呼痛哉！呜呼痛哉！自得九岁而孤，凡所以长养成就者，唯母慈是恃。中间以罪，谪徙岭表。太夫人念自得深，涕泣连日夜。自得身在万里之外，每一思念庭帏，则必北望白云，以首顿地，号呼恸哭，泣尽继之以血。居融凡四年，太上皇帝仁恩深厚，轸念太夫人垂老，首许生还。遭遇今上皇帝龙蜚，遂复玷缺，用侍从官列荐，重临故郡。盖一斥十五年，而至郡才七十五日。呜呼！自得为太夫人子，罪逆不肖，其所以贻太夫人忧者，岁月何其久？而所以为太夫人之荣养者，又何其艰耶？天乎？神乎？宁使自得至斯极乎？而今而后，自得岂复有意于人间世也哉？

辛酉，自修自潮州解官来奔丧。兄弟三人更相抱持，恸哭号绝。既乃收泪相语曰："太夫人得年八十一，不为不寿。"生平喜佛法，尝躬阅《大藏经》周一彻，心夷而色庄，未尝妄出一语。待诸妇有恩意，御奴婢虽严而不忍加楚挞。方自得辈幼学时，贫甚不能办膏油，太夫人至燃松以为明，课使读书。至自得南迁，教自得诸子尤力。自得、自修曩数举于礼部，无所成名，太夫人意常歉然不满。隆兴初元，自得二子伯寿、伯成同年登进士科，太夫人乃为之喜曰："是可以贺我矣！"又其识见绝人，而隐德密行不可概举。自得兄弟既出仕，间会宾客，太夫人率常立屏间，听其论议，观其容止。客退，则必语自得辈曰："某人它日必为名公卿，汝其识之！"后多如其言。方待制府君奉使时，家无以备私觌，尝从达官贷白金三百两。既南渡，避地临江，时达官谪居广右。会其子经从，太夫人罄囊中所有，如其数尽偿之。泣谓自得兄弟曰："乃父死于国，吾忍使其负金于幽冥耶？"以是家益窭。靖康初，转侧兵间，朝不谋夕。道高密，有亲戚庄媪以黄金一箧附太夫人，使携至江南，遗其主翁者。太夫人受之不辞，挈提不离左右。至建康，卒访寻其家，举以还之。其家不意得此金，大小至于感泣，时人以为难。呜呼！人之处世如此，固可以无愧无憾。而在佛法中，亦当不昧矣。

今吾兄弟累然在哀疚之中，要当持形立气，以襄大事，而期大吾门，以无负太夫人生平之言，无徒毁瘠，不胜丧为也。则相与忍哀痛，奔走山谷间，凡十有六日，而后得吉卜于紫帽山之麓。遂以九月庚申，举太夫人之丧葬焉。

呜呼痛哉！呜呼痛哉！幽堂一闭，不可复启矣。音容日远，不可复闻见矣。三釜无复可乐矣，菽水无复致养矣。重惟先君之丧，曩厝于济源先茔之佛庐，渺邈在异域，四十有四年矣。相望万里，间以山川。抚事追思，痛贯心膂。呜呼！尽南山之竹，不足以写此时之哀情；倒沧海之水，不足以供此时之苦泪。此身有尽，此痛难忘。呜呼痛哉！呜呼痛哉！自得殒越荒迷，而即事仓卒，故纪述无次，姑掇大概，碑而纳诸圹中。异日万一未死，当求今世之名公巨人，勒为铭诗，昭示万世，庶几仰有以显扬太夫人之懿德烈操，俯以慰自得兄弟无穷之孝思云。

自得泣血谨志，自修泣血谨书。

（原碑今藏海外交通史博物馆，据原碑整理）

译文

清源郡先太夫人墓志

先夫人姓赵，是崇宁年间宰相清宪公赵挺之的小女儿。她十九岁嫁给先父徽猷阁待制傅察。父亲三十七岁时，正值宣和末年，奉命出使金朝，为了国家之任保全气节而死，太夫人悲恸过度，发誓要为父亲保全贞节。她倾尽钱财供养佛僧，三年中不用膏油洗沐，终身再未妆饰姿颜。后来遭遇靖康之乱，财产丧空，太夫人领着孩子们从中原南渡，辗转迁徙到岭南，经历各种艰难险阻，到了晚年才定居在泉州。

这时候家里财产匮乏，缺衣少食，太夫人清苦勤俭持家，依靠自力维持家计。家里的饮食衣服用具等，都没有和世俗之人一样，很少追求华美。至于祭祀和接待宾客等礼仪，则一定注重整洁。太夫人教导子嗣一律要遵守礼法。有时候孩子稍微违背了礼义，她就会一天都不吃饭，对孩子说："你们的父亲为国牺牲，你们现在这个样子，以后凭借什么来支撑门户呢？"话说出口就流下眼泪，紧接着就是号啕大哭。正因为这样，我们兄弟在做官和做人等方面，丝毫不敢宽恕自己的过错。

太夫人生三子：大的叫傅自强，担任右朝请大夫，主管台州崇道观，曾做过延平郡郡守，以从政和乐平易、清廉自持著称，任期届满连连上书请求外放管理道观，以便奉养母亲；二儿子叫傅自得，担任右奉议郎，知兴化军；三儿子叫傅自修，担任右朝散大夫，最近又被授予两浙东路提举常平茶盐公事。傅自强等人在列位朝廷名册之后，时常遇到皇上祭祀上天，或者朝廷公开隆重地举行典礼仪式，广布恩惠于天下，每次都会降临到太夫人身上，累次封为令人、硕人、淑人。隆兴二年（1164年）受赐永嘉汤沐邑，后来更换成通义、清源二郡。太夫人还生了两个女儿：长女嫁给右朝请大夫权发遣惠州军州事赵悰，很早就去世了；次女嫁给故右通直郎致仕黄逸。孙子九个，分别是：傅伯高，右迪功郎，新任监察行在文思院上界门；傅伯寿，左迪功郎，新任建昌军军学教授；傅伯禄，右迪功郎，任监察行在编估打套局门；傅伯成，左迪功郎，担任明州州学教授；傅伯益，右迪功郎，新授潮州潮阳县主簿；傅伯召、傅伯祥、傅伯瑞，还未满二十岁，都在准备考进士；傅拱老还年幼。孙女八个，都嫁给了名门望族。曾孙男女有五人，分别叫作傅重孙、傅永孙、傅通孙、傅清孙、傅源孙。

乾道五年（1169年）夏四月戊子日，我侍奉母亲，第二次到莆郡为官，太夫人开心地接受奉养。一开始自修镇守潮州，安抚百姓，消灭盗贼，以治理能力闻名于天下，天子褒奖了他。等到下了对他升官褒奖的诏书，已经过去两季了。到了五月丁卯日，皇上下诏任命他浙东的差事，官吏来告知我们。我郑重敬拜两次，向太夫人道贺，太夫人说："你的兄弟被冷落闲置得太久了，现在皇上一旦褒奖委以重任，你们一定要尽心尽力，秉公办事，以此找到报答皇上恩情的方法，只希望你们不要让我们傅家声名坠落，我死就瞑目了！"于是泪流满面，又说："我听说有忠义的家族，他们的后代必然光大。我老了，只怕不能一直活着安享你们的赡养，也来不及看见你们建功立业，光大傅氏的门楣了。"我也跟着哭了。太夫人于是扳着手指数着自修的归期，说："大概过不了两个月，他必然会回来。你把自强也叫回来，我们一起同为十日之欢以庆祝。"我说："好。"过了几天，太夫人坐车来到我办公的地方，端起酒杯递给我，让我和她一起喝一杯。到了六月戊戌日的晚上，才过三刻，太夫人忽然不舒服，躺在床上。我赶紧取来平时服用的汤药以及丹砂喂她，到了天明稍微好转。辛未日以来，脸色还红润，精神也没有衰乱。和我交谈还和平时一样，她说："我一直能吃粥和酒，现在这两样都吃不下去了，我大概快不行了。"到了傍晚，太夫人的病症突然加重，痰上涌，呼吸困难。我惊慌失措，从二更到天明，汤药不能进，连求神祷告也无济于事，我呼天喊地，以至于到了因悔恨而惩罚自己的地步。又赶紧写信给长兄傅自强，他三天后才赶到，但已来不及了。过了七天到了辛巳日，我们兄弟赤足步行，奉太夫人丧到了兴化。这年秋天七月丙辰日，将她的灵柩迁回泉州，暂时停放在城东的法石寺里。

痛心啊！痛心啊！我九岁失去了父亲，之所以能够长大并有所成就，全都靠我母亲。这期间我因为罪过被迁徙到岭南地区，母亲思念我至深，没日没夜地哭泣。我身在万里之外，每每想到我母亲之所在，都要抬头北望着白云，以头叩地，号啕大哭，泪尽之后继之以血。在融居住四年，承蒙当今太上皇仁德降恩，念在太夫人垂垂老矣，特许我回到原籍。又遇到当今皇上降恩，于是恢复了旧职，任用我列席于侍从官，重新回到原郡。当初被贬斥一去十五年，而回郡才短短七十五天。唉！我身为太夫人的儿子，身负罪孽十分不孝，我让太夫人担心忧虑的日子，何其长久啊！让太夫人感受到我的荣光接受我的赡养，又是何其困难啊！这是天的意思吗？还是神灵的意思？非要让我傅自得到这种地步！从今以后，我活着还有什么意思！

到了辛酉日，弟弟自修从潮州卸职赶回来奔丧。兄弟三人抱头痛哭，哀号恸哭不已。后来才擦掉眼泪相互鼓励说：太夫人享年八十一岁，已经算是长寿了。太夫人平生喜爱佛法，曾经恭敬地读过《大藏经》一整遍，之后的日子里心情平静，神色庄严，没有一句妄语。她对待各位媳妇们也都施以恩惠，管教奴婢虽然严格，但却不忍打她们。我正在念书的时候年龄还小，家里穷得连膏油都没有，太夫人就点燃松油照明，督促我们努力读书。南渡之后，教导孩子更加尽心尽力。我和弟弟自修曾经数次被礼部推荐，但是都没有得到好的结果，太夫人常常感到自责不满。隆兴初年，我的两个儿子傅伯寿、傅伯成同年考中进士，太夫人才欢喜地说："这足以庆贺了！"太夫人见识卓越，所表现出来的德行事迹不可胜举。我们兄弟出仕以后，时常在家里接待宾客，太夫人都站在屏风后，听来访者的言谈议论，看他的行为举止。客人走后，就会告诉我们说："这个人日后一定能当上公卿，你们记着！"后来的情况大都如太夫人所言。在我父亲快要出使的时候，家里没有钱准备行李装备，我父亲曾向一位达官贵人借了白金三百两。南渡时，全家躲避在临江，当时那位官人被贬居广右。他的儿子恰巧要经过我们住的地方，于是太夫人尽出所有财物，按照原来借的数量一一偿还。她哭着对我们兄弟说："你们的父亲为国而死，我怎么忍心让他死后也要背负这些债务呢？"从这时起，我们家就越来越贫穷。靖康初年，我们家辗转迁徙于兵祸战乱间，朝不保夕。路过高密的时候，有亲戚庄老妇人把一箱黄金交托给太夫人，请她帮忙携带到江南，交给她的丈夫。太夫人没有推辞就接受了，从此带着这东西从不离身。到了建康，就四处打听这家人的住所，亲自还给了他们。这家人意想不到这时候还能得到这些金子，全家老少为之感激涕零，人们都觉得这件事是如此的难能可贵。唉！人能如此处世待人，真可以无愧无憾了。在佛法当中，也属不昧因果了。

现在我们兄弟哀伤悲痛，更应该保持仪态，打起精神，共做大事，光大傅家的门楣，不辜负太夫人平时对我们的谆谆教诲，不能够再这么颓废哀伤下去，那样的话就连太夫人的丧事都办不好了。于是我们兄弟忍着悲伤，在山谷间四处寻访了十六日，最后通过占卜在紫帽山的山脚下找了一块墓地。于是定在九月庚申日，为太夫人举行丧葬礼。

痛心啊！痛心啊！坟墓一旦合拢，就再也不会打开了。她的音容笑貌离我们远去，就再也见不到了。粗食淡茶都不能进献给父母，为官薄禄而无奉养之乐呀。又想到先父的棺椁停在济源祖墓的佛寺里，远在异域都已经有四十四年了。和我们相隔万里山川。追思往事，真是痛彻心扉。唉！砍尽南山的竹子做笔，也不足以写出此时的哀情；倾泻沧海里的水，也不足以承载此时的苦泪。这一生总有尽头，这些痛却无穷无尽。痛心啊！痛心啊！我内心是那么的失落惶恐迷乱，临事仓促，这里的记述随想无序，姑且选取大概，刻在碑上放进坟墓中。他日我要是还没死，一定要求当今的名人写诗刻于其上，让后世都能看见，以此就能上彰显太夫人的美德节操，下能够抚慰我们兄弟无穷无尽的孝思。

傅自得泣血谨记，傅自修泣血谨书。

史　话

这篇墓志铭是由南宋傅自得书写，记载其母亲赵氏夫人生平事迹和自己的哀悼之思。

赵氏夫人的父亲，是北宋后期宰相——赵挺之，籍贯是密州诸城县（今山东省诸城市）。赵氏夫人有三位兄长，分别是赵存诚、赵思诚、赵明诚。赵存诚、赵思诚和赵氏夫人在靖康之乱后聚集在了泉州。《福建通志·人物志》："赵思诚，字道夫，高密人。父挺之，崇宁宰相。思诚与兄存诚相继成进士，弟明诚亦有学问。建炎南渡，存诚帅广东，与思诚谋移家所向，以泉南俗淳，乃自五羊抵泉，因家焉。"

赵氏夫人的丈夫——傅察，年十八，登进士第。曾任南宋末期兵部、吏部员外郎。"宣和七年冬，接伴金国贺正旦使，道逢金太子斡离不，令下拜，抗辩不屈而死，谥忠肃"。事迹见《宋史·忠义本传》。三十七岁的傅察在金兵大举入侵的时候，没有转身逃跑，而是逆向而行，借钱出使，在面对金人的时候，抗辩不屈而死，展现了忠勇不屈的气节和舍弃个人生命和家庭的精神。

赵氏夫人，我们已不能考知她真正的名号。在丈夫死节、国家乱离、财物皆空的情况下，一个人带着五个孩子，辗转山东，又南下岭南，最后定居泉州，可以想象其间经历了怎样的艰难困苦。据墓志我们可以看到，赵氏夫人同样具有过人的见识和气节。她为丈夫终生守节，抚养子嗣；她喜爱佛法，通读《大藏经》；她在困苦中仍勤俭持家，为孩子创造读书的条件；她在屏风后听人议论以观察其人将来是否出息；她在困苦乱离中为丈夫还债三百两金；她自己逃难的同时为别人捎一箱黄金，等等。墓铭中所说只能举其大概，我们即可看出其为人处世的高风亮节与坚韧豁达。她生平最大的心愿就是孩子们能够继承先人的美好品德，光大傅家的门楣。最高兴的事就是两个孙子伯成、伯寿同时考中了进士。老夫人八十一岁，以疾辞世，时在乾道五年（1169年）六月，时任郡守的王十朋也写了《清源夫人赵氏挽词》加以悼念，词曰："全节忠臣配，崇宁宰相家。哀能变国俗，贵不御铅华。学佛穷三昧，燃松教五车。遗芳载彤管，名寿两俱遐。""我窃清源禄，钦闻孟母慈。符分三子舍，桂棹两孙枝。方戏黄堂彩，俄丰紫帽碑。神州嗟未复，长抱望夫悲。"

在赵氏夫人的教导哺育下，傅氏家族子孙兴旺，成为南宋泉州的名门望族。二儿子傅自得，字安道，"以父死国得补承务郎福建路提点刑狱司通判泉州知兴化军"，"性至孝，以奉母故仕宦未出闽中，性高简，不妄交人，居泉五十年，读书奉亲外杜门而已。著有《至乐斋文集》三十二卷"。三子傅自修，字勤道，"绍兴中监泉市舶务，宿弊十去八九，后番商为贪吏所困，号泣思之，闻于朝，仍命就原职，番商相贺"。因其清廉而为泉州的海外通商做出自己的贡献。傅伯寿，字景仁，傅自得长子。隆兴元年（1163年）进士，曾指导真德秀作文曰："长袖善舞，多财善贾，子归取古人书剧读而精甄之。"曾与王十朋唱和诗曰："名节士所重，当如护睛脑，立朝与行己，本末要可考。"可见其为人。傅伯成，字景初，号竹隐，傅自得次子，荫补承务部，官至吏部郎中、福建路转运副使。隆兴元年，傅伯成与伯寿同登进士，这年才二十一岁。从此，经历孝宗、光宗、宁宗、理宗四朝，仕宦生涯长达六十多年。"性资纯实，表里洞达，每称人善，不啻己出。语及奸邪，词色俱厉，卒年八十四，赠开府仪同三司，谥忠简，所著有《竹隐居士集》三十卷。"

值得重视的是，两宋之际，衣冠南渡，来到泉州的世家大族和文人士大夫之间，或以姻亲，或以友朋，联系紧密，形成庞大的士大夫朋友圈，相互关照，相互扶持，成为一股强大的以人文精神为导向的社会力量。赵氏夫人带着孩子来到泉州，首先是因为她的两位哥哥存诚、思诚在这里。同时作为忠臣傅察之后，傅氏一族受到故友乡人李邴的接纳。李邴，两宋之际举家随宋室南渡，建炎三年（1129年）定居泉州，遂不复出，最终以资政殿学士致仕。明朝黄仲昭《八闽通志·人物》中载："（李邴）寓居泉州几二十年，多游佳山水，赋诗自娱。累赠太师，谥文敏，后改谥文肃。因家晋江。"《晋江县志·人物志》载："（李邴）寓泉州几二十年，遂家焉。与黄冠张读等友善。好游山水，以诗自娱，著有《草堂前后集》一百卷。"这位政界老前辈将自己的女儿许配傅自得为妻，而且亲自为傅察撰写了《宋故朝散郎尚书吏部员外郎特赠徽猷阁待制累赠开府仪同三司谥忠肃傅公墓志铭》。其中有"绍兴五年邴寓泉州，自强等亦自广东来"一句。傅氏一族与大儒朱熹也关系亲密。朱熹亲自担任傅自得的两个儿子傅伯成、傅伯寿的老师。朱熹来泉州，也常与傅自得谈论唱和。傅自得有《九日泛舟同朱元晦》诗，曰："秋月天然白，溪流镜样平。唤船同胜赏，把盏话平生。击楫鱼频跃，忘机鸟尚惊。兹游还可继，家酿为君倾。"碑文中也提到，老夫人的长女嫁给右朝请大夫权发遣惠州军州事赵悰；次女嫁给故右通直郎致仕黄逸；孙女八人，都嫁给了名门望族。皆可见在老夫人的带领下，傅氏家族在当地的影响甚大。

蔡真人诰碑

宋·真德秀

碑　文

蔡真人诰碑

嘉定十一年十月三日有诏：泉山清源洞“冲应善利灵济真人”加“昭博”之号，为八字真人。

先是，十年夏五月不雨。臣始至官，问仙祠灵宫之著验章灼者，咸以真人对。臣亟祷焉，未几遂雨。是年冬旱，臣往祷焉，又雨。越明年春洎秋，膏泽时至，田高下硗腴皆告稔，米斗百钱，黄馘槁项之叟欢曰：“昔未曾有也，非真人之灵，实大庇吾土，顾安护此哉？”于是相率以其事白于州，州谂于部使者，下其书旁郡审覆之，如本州言。乃以闻，天子嘉焉，命有司摭其名之显且大者，以旌真人之功。呜呼！美哉！

谨按：真人蔡氏，世传其系出晋司徒文穆公谟。文穆八世孙夔，节度岭南，归至泉以没，子孙因家焉。真人事唐，为金部员外郎、太原守，晚弃簪绂，隐于州之北山，修辟谷炼气之术，以方技济人。既仙去，岁久而其灵愈章。皇朝崇宁中，始封“虚应先生”。绍兴九年，封“冲应真人”，二十三年加封“善利”，乾道三年又加“灵济”，至是遂加“昭博”焉。

臣窃观前世人主崇尚道家神仙之说者，大抵以希长年、蕲福应，往往受媒方士，为百代嗤。惟我圣朝，受天眷命，以作神主，凡老氏、浮屠氏与山川祠庙之灵，惟能时雨旸，弭菑沴，有功于人者，乃始锡号，名秩祀典，否则虽奇怪诡特，不与焉。盖志在斯民，而不自为，此其所以跨绝前代也。又惟真人之清虚澹泊，未尝震耀威福以警动世俗耳目，而民之归仰，自不能忘；朝廷褒封之典，自不能已。亦犹有道君子为善于幽隐阒寂之地，不求人知，而卒不可掩，岂不尤可贵也哉？臣既以所下制书刻之梓，而又叙其本末，使后世知圣朝所以宠命真人，而真人之所以膺受宠命者。其大指盖如此，以备清源故事云。

十二年八月甲子朔，具位臣真某记。

（原碑今不存。碑文依据哈佛燕京图书馆藏《温陵留墨》辑录）

译文

蔡真人诰碑

嘉定十一年（1218年）十月三日，皇帝下诏：泉州清源洞“冲应善利灵济”真人，加赐“昭博”的名号，称为“八字真人”。

在此以前，嘉定十年（1217年）夏季五月天一直未降雨。我刚到任上，探问仙家庙宇宫阙中能够应验的神灵，众人都回答真人的名号。我立即祈祷，不久就降下甘霖。这天冬季天旱，我又前往祝告求雨，又降甘雨。到了第二年春天，一直至秋季，经常降下滋润作物的雨水，不论高处低处、贫瘠肥沃的田地庄稼都大丰收，斗米一百钱，面黄肌瘦的农家老人欢呼着说：“从未有过这样的情况，如果没有真人的灵验，庇佑这块土地，哪里能获得这样好的生活？”于是共同将这件事上报州府，州府仔细询问掌管督察郡国的官员，投递档给旁边的州郡审查这一情况，回报和本州所言一致。于是将此事告知皇帝，天子称赞不已，命令有关部门选择显明且浩大的名称，赐予真人，以表彰他的功劳。啊！美啊！

我谨按典籍记载：蔡真人，世上传说他出自晋朝司徒文穆公蔡谟之后。文穆公蔡谟的八世孙蔡夔，自岭南节度使任上回来，到泉州后去世了，他的子孙就在此处安家。蔡真人任职于唐代，做过金部员外郎、太原守，晚年摒弃荣华富贵，隐居于泉州的北山上，修习辟谷、吐纳等长生之术，以医卜星相各种技术救助他人。蔡真人仙逝后，时间越长久，变得越来越灵验。崇宁年间，初次封为“虚应先生”。绍兴九年（1139年），封为“冲应真人”，绍兴二十三年加封为“善利”，乾道三年（1167年）又加封为“灵济”，到如今就加封“昭博”的名号。

我私下里检视前代的国君，他们崇尚道家神仙的学说，大抵都是希求延年益寿、祈求幸福吉祥，往往受到方士欺骗，被后世讥笑。唯有宋朝，受到上天垂爱，作为天下的主宰，凡是老子、佛与山川祠庙的神灵，只要能依时降雨天晴、消除灾祸、对人民有功劳，就会赐予封号，名字记载于祭祀的典籍。如果不是这样，即使有怪异奇特的行为或事情，也不给他封号。大概就是其志集中在天下苍生而不是为君主自己，这就是本朝能够胜过前朝的原因。又因蔡真人清静虚无、恬淡寡欲，未曾显耀尊大、作威作福，而百姓归附仰慕，自然铭记于心，朝廷褒奖封赏的典礼接连不断，就像有学问道德的君子在幽深隐蔽而又安静的地方行善，不求人们知晓，而最终不能掩藏，难道不是更为可贵吗？我将皇帝颁布的敕令刻下，又详述其事件的原委经过，让后世知悉本朝加恩特赐任命真人，真人也愿意禀受皇帝的恩命。这件事情的主要情况就是这样，姑且保存着当作清源郡的故事了。

嘉定十二年（1219年）八月甲子日初一，徒居官位的臣子真德秀记。

史　话

泉州自唐代以来都是道家道教文化兴盛的地方，坐落在清源山脚下的老君岩就是一个鲜明的道教符号。人们常说“青牛西去，紫气东来”，远在春秋战国时期的老子，就这样以一尊中国现存最大的石雕造像，阅尽东南沿海的沧海桑田、人世变迁。何乔远《闽书》记载：“羽仙岩在罗山、武山之下，宋罗山下有北斗殿，武山下有真君殿。朱文公曾游焉，今曰老君岩。”可知朱熹已经见到老君造像。

除此之外，还有唐、五代修道的蔡如金、郑文叔、吴崇岳、谭峭，宋代修道的裴道人、苏绍成、赵永嘉、黄去华等，甚至连鼎鼎大名的白玉蟾也曾亲临泉州，主持法事，并留下《题金粟洞》：“白云乱山深复深，洞口枯树鸣幽禽。玉雪影梅春寂寞，琅风韵竹夜萧森。海流城外青罗带，岩耸天边碧玉簪。忆著仙人郑文叔，泪随夕照落平林。”白玉蟾还撰有《泉州上清五雷院记》，记述为求雨至泉州修建五雷院的过程，时间是“始于壬午（编者按：嘉定十五年，1222年）上元，迨癸未（编者按：嘉定十六年）重午”。“靡金三百余万，且未经时而成之”。提到的人物有诸葛琰、僧惠音、寓公菊坡、诸葛直清、庄致柔等。其中描绘刺桐城之风水：“实郡治之震，龙山之乾，席坎面离，皇岳峙其东，帽峰跨其西。海上有金鞍，宝盖贡其前。阴阳家谓双蝓驮龟以为形，此仙灵之镇也。粉堞万雉，环之刺桐，山壮海雄，紫翠朝揖，福利左丧，威营右翊，其地千尺而邃，三十弓而袤。”

泉州的道教更多时候是一种与多元宗教文化相融合的存在。以南宋赵楷组织的一次在清源山紫泽洞的聚会为例：“衡岳赵楷用晋人莲社故事，约道友游紫泽洞。先集者建安真直道，吾里赵彦珗、赵思斋、陈涣发、柳鼎新、赵逦夫、霁夫、释汝明、王昭、法定、本洪、守真、羽士朱永，不至者江庆子、吕圭、陈桂，一时久暵忽雨，物情昭苏，尤于麦宜，乃登喜雨轩，分俦序齿，陈果茗，款觞咏。虽腾猋号寒，飞溜溅滑，曾莫沮其清欢也。北山老人刘用行末至。因纪岁月于苍壁。”时间是南宋嘉熙庚子年（1240年）良月中浣后两日。见《闽中金石略》卷七。聚会中包括了官员、儒士大夫、宗室、佛门僧人和道教羽客，大家其乐融融在一起“分俦序齿，陈果茗，款觞咏”，清欢乐游，这一场景实在是泉州多元宗教文化水乳交融的日常形态。

那么我们不禁要思考，作为宗教信仰如何能彼此交融相处呢？这篇真德秀所撰写的《蔡真人诰碑》似乎点出了其中的缘由。

蔡真人，即蔡如金，字叔宝，祖籍浙江会稽，他的祖父蔡夔仕岭南节度使，唐永徽初卸任回乡，路过南安病亡。于是子孙就在南安定居下来。蔡如金因祖上荫功仕唐为金部员外郎、守太原。在任期间，有惠政。晚年挂冠，在紫极宫精思院修道，习辟谷炼气之法。后在清源山紫泽洞炼丹。蔡如金道术精深，在民间做了不少好事，以方技济人。死后葬在宁寿寺。留从效建造罗城，迁葬于松湾，启棺，只有剑和宝镜留存。陈洪进在此地兴建崇福寺，又迁葬于清源山下。

北宋崇宁年间，蔡真人初次被封为“虚应先生”。绍兴九年（1139年）封为“冲应真人”，绍兴二十三年加封为“善利”，乾道三年（1167年）又加封为“灵济”。嘉定十年（1217年）夏，泉州大旱，知州真德秀亲自到紫泽洞祷告求雨，其冬再祷，又得雨。第二年，风调雨顺，五谷丰登，泉人大喜。于是朝廷诏加“昭博”之号，为“八字真人”。

真德秀这篇《蔡真人诰碑》，实际是因皇帝赐蔡真人“昭博”名号，而撰写的叙述本末的序跋类文字。他在文章的最后指出：前代的君主崇尚道家神仙，大多是希求延年益寿、祈求幸福吉祥，他们也因此受到方士欺骗，被后世讥笑。只有宋朝的君主，凡是道教、佛教与山川祠庙的神灵，只要能依时降雨天晴、消除灾祸、对人民有功劳，就会赐予封号，名称记载于祭祀的典籍。反之，如果不是这样，即使再灵异，也不会有封号。这就说明宋朝的君主尊崇神仙都是为了天下苍生，而不是为了自己祈求长生。这就是宋朝能够胜过前朝的原因。这一总结反映了宋代士大夫关于宗教信仰的普遍心态，即能够超越小我私心，以济世利民，自渡渡人为业。凡是真正对百姓有所助益，就都是值得尊崇的，会永远被世人纪念信仰。这就是不论道教、佛教、儒家，乃至外来宗教，能够在宋代共融共通的根本原因，因为他们的核心精神本是一致的。这篇文章恰好为我们留下了宋代泉州的宗教融通样本。

第九编　戒石为敕，庭训不违

两宋御制戒石铭与字民训

碑　文

宋太宗御制戒石铭

尔俸尔禄，民膏民脂。下民易虐，上天难欺。黄庭坚

（原石藏江西省泰和县博物馆，今据拓片过录）

宋理宗皇帝御制字民训

其律臣必廉，不则墨，墨养民……则暴。其听讼必公，不则私。其……勤，不则怠。邑有善政，朝彻夕……。子路治莆，为难。……夫子诲之……德之理。三年而后有成。朕之遗意，世听之毋忽。洪武……四明戴习书于晋江戒石。

江夏陈之淯重刻。

（原石藏泉州市博物馆，今据以过录）

宝祐字民训

四年三月二十五日丙辰，御制字民训。尔等服劳州县，始获脱选，通籍信难矣，学制为尤难。其律己必廉，否则墨。其养民必惠，否则暴。其听讼必公，否则私。其莅事必勤，否则怠。往即乃封，祇若予

训。邑有善状，朝彻夕闻。表用有先朝故典在。昔子路以治蒲为难，夫子诲之以恭宽温恕之理，三年而政成。朕之言，夫子之遗意，听之毋忽。四月六日丁卯，令吏部书于改官印纸，阁门引见日宣示。（宋王应麟《玉海》卷三十一，日本内阁文库藏元刊本）

译 文

宝祐四年三月二十五日丙辰，宋理宗亲自制订了《字民训》：你们服劳于州县之中，开始通过考试、获得为官的资格，确实是不容易的，但学会做一个好官更难。做官者一定要严格要求自身保持廉洁，否则就会贪污受贿。养民必然要施恩惠于民，否则就会滥用权力。办理案件必须要秉持公道，否则会产生私心偏见。做事必须要勤勉，否则就会流于懒惰。去接受你们的官职时，请记得我的告诫。官员在地方有了好的作为，必然会很快传到朝廷。朝廷重用出色的官吏都有前朝的规定。过去子路认为治理蒲地很困难，孔夫子就告诫他恭敬、宽容、温和、仁爱的道理。仅三年子路的政绩就显现出来了。我的话，都是遵照孔夫子的意思，你们不要忽视。四月六日，令吏部书写到任命官员的印纸上，等召见新官的时候向他们宣示。

史 话

北宋太宗赵光义曾颁布《戒石铭》，全文仅四句，短短十六个字：“尔俸尔禄，民脂民膏，下民易虐，上天难欺。”意思是你们这些官员们的俸禄，都是来源于人民百姓。拥有权力的官员，在力量上比“下民”要大许多。官员要想虐待百姓，也不是一件很难的事。但天地间必然是有公道存在的，天不可欺，心不可欺。这简短的十六字，可以说是言简意赅又极富震撼力，阐明了各级官吏和人民群众的关系。即使放到今天，也极具训诫意义。

《戒石铭》颁布于各地州县，并敕令勘石立于衙署大堂前，当各州主县令坐堂理事时，即可见此十六字，以警戒其秉公办事，从政为民。《戒石铭》铭文出自五代蜀主孟昶的《令箴》，原文见宋张唐英的《蜀梼杌》和洪迈的《容斋续笔》，共二十四句。南宋占颐浩《戒石铭》题识云："宋太宗摘其中四句，令天下郡县皆刻石，置公署之前，覆以小亭，众吏望则正对之。"

南宋高宗也为此下了一道手谕，说："近得黄庭坚所书太宗皇帝御书《戒石铭》，恭味旨意，是使民于今不厌宋德也。因思朕异时所历郡县，其戒石多置栏槛。植以花草，为守为令者，鲜有知戒石之所谓也。可令摹勒庭坚所书，颁降天下，非惟刻诸庭石，且令置座右，为晨夕之念，岂曰小补之哉。"（《闽书》卷三十三《建置志》）

南宋乾道年间，王十朋任泉州郡守，曾亲自主持修戒石的工作，他说："过去在四川为官也首先修好那里的戒石，现在泉郡公署前面的戒石也破败不堪了，于是将其重新修好。"并为之作了一首诗，曰："君以民脂膏，禄尔大夫士。脂膏饱其腹，曾不念赤子。贪暴以自诛，诛求不知耻。指呼有鹰犬，嗜欲肆蛇豕。但言民至愚，孰谓天在迩。昭然甚可畏，殃必反乎尔。圣训十有六，简严具天理。大字刻山骨，朝夕临坐起。一念苟或违，方寸宁不愧。清源庭中石，整顿自今始。何敢警同僚，兢兢惟敕己。"（《温陵留墨》）从他修戒石和作诗明志中可以看出，王十朋不仅意在整顿吏治，警示当地官员，也以此表达自己坚守清正廉洁的心志，要从自己的每一个起心动念做起。

南宋理宗即位初期，也意图励精图治，《宋史》卷四十四《理宗本纪》载："宝祐四年三月丙辰，帝制字民训，赐改秩亲民官。"

《咸淳临安志》卷四也收录了理宗皇帝的《训廉铭》《谨刑铭》《牧民训》《字民训》等今泉州市博物馆藏四明戴习刻于晋江的戒石，文字残损不全，但以《玉海》所收全文对校，仍可见理宗宝祐字民训原貌，及在地方刻石中的精简变动。

宋代以立石来整顿、规范吏治，这种方式也值得今人借鉴。

明永乐敕谕碑

碑　文

大明皇帝敕谕米里哈只：

朕惟能诚心好善者，必能敬天事上，劝率善类，阴翊皇度，故天锡以福，享有无穷之庆。尔米里哈只，早从马哈麻之教，笃志好善，导引善类，又能敬天事上，益效忠诚，眷兹善行，良可嘉尚。今特授尔以敕谕，护持所在，官员、军民一应人等，毋得慢侮欺凌，敢有故违朕命，慢侮欺凌者，以罪罪之，故谕。

永乐五年五月十一日。

（据原碑过录）

译　文

大明皇帝敕谕米里哈只：

朕知道能诚心好善之人，必能敬重上天，事奉尊长，劝导向善，以辅翼君王。所以天赐其福报，使其享有无穷的吉祥。你米里哈只，早年从穆罕默德的宗教，意志坚定，乐善为善，也引导他人向善，又能敬重上天，事奉尊长，竭尽忠诚。正因其有此善行，着实应该予以赞许。今特给你们降下这份敕谕，护持所在地的清净寺，官员、军民一应人等不得慢待侮辱欺凌你们。若有违抗这项命令的，朕就将这些欺凌你们的人定罪处罚。故谕。

永乐五年（1407年）五月十一日。

史　话

明代永乐皇帝的这方敕谕碑现镶嵌在泉州清净寺入门甬道第二拱门内的东壁，同一类型的碑刻还发现于福州清净寺中。此二碑文，均为明成祖朱棣敕谕的翻刻，原件于1956年在扬州普哈丁陵墓世袭伊玛目兰晓阳先生处发现，现珍藏在北京民族文化宫。为一裱褙的横幅，幅高77厘米、宽108厘米，高72厘米，宽100.5厘米，用汉文、波斯文、蒙古文三种文字撰写。其中汉文部分与今所见敕谕碑文字相同。可见即使在明代永乐年间，政府同样尊重多样文化的存在，不仅体现在由皇帝亲自下诏保护清净寺及教职人员，而且体现在敕谕碑的刻写以三种语言的形式共存这一细节上。其中“米里哈只”，大概是清真寺的主持者这一教职的称呼。

那么明永乐皇帝为何要颁布这样一道面向全国的敕令呢?

南宋末年，以蒲寿庚为首的穆斯林在泉州形成了强大的势力集团，实际掌握着泉州的政治、经济等大权。据《闽书》卷一百五十二《蓄德志》：“咸淳末与其兄寿宬平海寇有功，累官福建安抚，沿海都制置使。景炎年授福建广东招抚使，总海舶。”能够依靠自己的武装平海寇，可见其势力之强。《藁城令董文炳遗爱碑》记载：“初，泉州太守蒲寿庚者，本西域人，以善贾往来海上，致产巨万，家僮数千。及降，愿与子男家人辈，保护东南一隅。”蒲氏一族入元后，皆得封赏，继续保持其强大的地方势力。据吴鉴所作《清净寺记》可知，当时仅泉州城内就有伊斯兰教寺六七座，可见当时无论是海上蕃商还是西域人，其势力都是相当庞大的。

但是到了元末明初，发生了始于泉州，蔓延至福州、莆田等地历时十年（1357—1366年）的亦思巴奚兵乱。先是至正十七年（1357年）回人“赛甫丁·阿迷里可”的军队“据泉州，民大被荼毒”，后是至正二十二年回人“那兀纳”的军队攻据泉州，后被代表元政府的陈友定军攻陷，故《晋江县志》卷十五《纪兵》曰：“泉民先经回寇涂炭，继为友定荼毒。”至明初，战乱逐渐平息。但经此兵乱，再加上贯穿整个明朝的倭寇侵扰，以及由此明朝官方对于海上贸易活动的禁止，都进一步打击了这个昔日繁华富庶的商港城市。据《明史》卷七十五《职官志》：“（洪武）七年罢福建之泉州、浙江之明州、广东之广州三市舶司。永乐元年复置，设官如洪武初制，寻命内臣提督之。嘉靖元年，给事中夏言奏倭祸起于市舶，遂革福建、浙江二市舶司，惟存广东市舶司。”通过明代市舶司在泉州的存废，大体可以看出当时本地海外贸易的情况，而永乐年间正是一度希望能够继续恢复海外通商的时期。

以此为背景，我们大体可以看到明永乐五年（1407年）颁布的这道针对全国的敕谕，虽然没有起到真正复兴海外通商的作用，但在一定程度上起到了保护全国各地清真寺、保护侨民，进一步增进民族融合的作用。

故前村居士卢公墓志铭并序

元·吴鉴

碑文

故前村居士卢公墓志铭并序

前国子生三山吴鉴撰

赐进士及第承务郎江南诸道行御史台监察御史拜住书丹

赐同进士出身承德郎佥福建闽海道肃政廉访司事赵承禧篆盖

惠安卢琦登至正二年进士第，授将仕郎、台州路录事。归自京师之五月，丁父忧。明年七月来福州，以善状乞铭于吴鉴曰："吾先世光州固始人也。唐末避乱，从王绪入闽，居泉之惠安。宋乾道间有曰瞻者，隐登高山下，以八行举，邑人名其山曰登科山。其后有曰应时、曰迪，皆特奏。迪后三世，迁邑东之圭峰下，吾高祖之父也。高祖讳汝华，曾祖讳达叔，祖讳义先，以至元丙子之三月生吾父，名庆龙，字云从。其年宋亡兵乱，吾祖偕祖母李氏避之海岛中。逾年而归，邻里亲戚咸刘于兵，而吾卢枵然独遗。祖父冒艰阻，躬劬勚以修复旧业，虽倥偬不遑，而教子必有礼法。故吾父羁贯知自力问学，从槐庭王先生、芸斋杨先生游。吾父事亲孝，居祖母李氏丧，哀毁骨立。祖父病，侍汤药食饮，衣昼夜不解带，至刲股肉为糜进之。祖父殁，丧葬尽礼，比老犹孺慕不衰。岁时祭祀，未尝不悲思垂涕泣。间遇人亲丧，亦为之汪然，不惟悲其人之不幸，盖深痛二亲之不复可见也。生平不饮酒，惟喜啜茗、读古书、为歌诗，取适已意。客至，必治具，清谈穷日夜，乐之不为厌。州里疏戚，咸称善人，人无间于言。吾母郑氏有贤德，先二十七年卒。时吾兄弟稚幼，吾父绝甘分少，俾得就保傅。尝诲琦等曰：‘汝母蚤殁。吾教汝兄弟读书，非图富贵利达，惟愿世先德为好人，行好事而已。’及琦归自京，又尝命琦曰：‘汝承祖宗休泽，幸已成进士。吾日暮途速，恐不能待汝禄养矣。然吾居乡，见世吏以贪傲败名节，人唾犹虫蛆。汝惟廉谨守道，则上不负国，下不负所学，吾地下之目瞑矣。’后数日，感微疾，端嘿而逝，时癸未二月十二日也，得年六十有八。子男四人，长璵、次琦、次篪、次英，皆已娶；女一人，适张；孙男五人，孙女一人。诸孤将以丙戌十二月廿四日丁酉奉柩葬于县北仙境山之原。惟先生知吾父也审，敢请以铭。”

余曰：“先大夫孝善积德，羡有成祉，若衔训不违，笃勤为孝子，而又登巍科，铮然显闻天下，扬光烈，信来世。宜谒达官闻人铭，而更以属予，是其有尚也已，余何敢辞。”

铭曰：

闽海之壖，圭峰所蟠，有美隐君，考槃其间。

野艺泽渔，于以自老。孝善世继，委祉于后。

及见子贵，禄养弗逮，凛乎若存，有训有诫。

仙冈之阡，孝思烝烝，铭以劝善，久载是征。

（原碑藏海外交通史博物馆，今据拓片过录）

译文

故前村居士卢公墓志铭并序

前国子生三山吴鉴撰

赐进士及第承务郎江南诸道行御史台监察御史拜住书丹

赐同进士出身承德郎佥福建闽海道肃政廉访司事赵承禧篆盖

惠安卢琦于至正二年（1342年）登进士第，被授予将仕郎、台州路录事。从京师归来的第五个月，为父丁忧。第二年七月，他来到福州，拿着其父的行状请我作铭文，他说："我先祖是光州固始人。唐末避乱，随王绪来到闽地，居住在泉州的惠安。宋乾道年间，有位名为瞻的先辈，隐居在惠安登高山下，他因具有孝悌睦姻、任恤忠和的品质被举荐，乡人就把登高山称为登科山。后来，有名为应时和迪的两位先辈，都中了特奏科。卢迪的后三代子孙，把家迁徙至惠安东部圭峰下的，就是我高祖的父亲。我高祖名讳为汝华，曾祖名讳为达叔，祖父名讳为义先。祖父在至元丙子年（1276年）的三月生下我的父亲，我父亲名庆龙，字云从。那年正赶上宋亡兵乱，我的祖父携祖母李氏避乱海岛中。第二年归来，邻居乡人都死于兵祸，只有我们卢家保存了下来。祖父身犯险阻以修复旧业，生活虽困苦窘迫，但教育子女却必依礼法。所以，我父亲自童年就知尽力求学，跟随王槐庭先生和杨芸斋先生游学。我父侍奉双亲至孝，为李氏祖母居丧，因过于哀伤而身形消瘦。祖父生病，父亲亲侍汤药饮食，昼夜不息，衣不解带，甚至剔下腿肉做成肉糜献给祖父。祖父去世，丧葬皆尽礼制，到老也对祖父心怀慕敬思念。岁时祭祀，父亲未尝不悲痛垂泪。有时候遇到乡人丧亲，父亲也都不禁眼泪汪汪，不单是为其不幸而悲伤，更是深感双亲不得再见之痛。我父亲生平不饮酒，只爱品茶、读古书、作诗歌，只求自在合意。有客人，必设宴，日夜清谈，欢喜而不满足。乡人不论亲疏，都赞许我的父亲为善人。我的母亲郑氏夫人有贤德，比我父亲早二十七年去世。那时我们兄弟尚在幼年，我父亲自己艰苦，把仅有的物资都分给孩子，使孩子们都能从师上学。曾教导我们兄弟：‘你们母亲早亡，我教你们兄弟读书并非企求荣华富贵，只希望你们继承先人品德，做个好人，多行善事罢了。’等我从京师归家，又曾教导我说：‘你承祖宗美德阴泽，幸而考中进士。我已年老体衰，如日近西山，恐怕等不到你的俸禄供养了。但是，我居乡间，看世上官吏因贪婪傲慢而败坏名节，众人唾弃他犹如蛆虫。你一定要廉洁守道，上不负国恩，下不负平生所学，我才能瞑目。’后几日，父亲感染微疾，端然静坐离世，当时是癸未年（1343年）二月十二日，享年六十八岁。父亲有四个儿子，老大卢玙、老二卢琦、老三卢箎、老四卢英，都已经娶妻；一个女儿，嫁给张家；孙子五人，孙女一人。众孤儿将在丙戌年（1346年）十二月二十四日丁酉奉灵柩葬于县北仙境山之原。只有先生最了解我的父亲，斗胆请先生为我父亲撰写铭文。”

我说：“先大人存善积德，已有福报，你承受教诲不违背，踏实勤勉以尽孝，而又喜登高第，声名响亮传天下，已成大业，是后代榜样。应该请达官贵人作铭文，但您却吩咐我写，这是我很荣幸的事情，我怎敢推辞。”

铭曰：

闽海之边，圭峰山下，有德君子，隐居其间。
耕种渔猎，得以终老。孝善传家，福泽后人。
见子显贵，不待奉养，正色凛然，留有训诫。
升仙路上，孝德厚美，作铭劝善，长久应验。

史　话

该碑是元代泉州唯一的进士卢琦的父亲——卢庆龙的墓志铭。按照碑中记载，卢氏家族本在光州固始，于唐末避乱随王绪入闽。之后一直居住在惠安，世代业儒，先祖虽身处乱世，仍以礼法教子，以家风严谨著称。

卢庆龙，字云从，生于至元丙子年（1276年）三月，正赶上宋亡兵乱之时。全家人避乱海岛中，才免于涂炭。卢庆龙生有四子一女。长子卢玙操持家务，在父亲去世三年后去世，今存卢琦亲撰的卢玙墓志铭。

卢庆龙本人在家国艰难中选择了恬淡退隐，在教育子女方面，表现在身教和言传两个方面。其事亲至孝，“居祖母李氏丧，哀毁骨立。祖父病，侍汤药食饮，衣昼夜不解带，至刲股肉为糜进之。祖父殁，丧葬尽礼，比老犹孺慕不衰。岁时祭祀，未尝不悲思垂涕泣。间遇人亲丧，亦为之汪然，不惟悲其人之不幸，盖深痛二亲之不复可见也”。其中提到了一个细节，遇到旁人亲人逝世，他也两眼泪汪汪，深痛自己失去两位亲人，可谓发于至诚。这无形中为孩子们树立了人生的表率，“孝”字成为他们人生中最重要的一个行为准则。

言传方面，卢庆龙教导儿子读书，不要以荣华富贵为目的，只希望儿子们能够继承并发扬家族先世的德行，能够“为好人，行好事”，更是嘱咐考中进士的卢琦要“廉谨守道”。他说：“汝承祖宗休泽，幸已成进士。吾日暮途速，恐不能待汝禄养矣。然吾居乡，见世吏以贪傲败名节，人唾犹虫蛆。汝惟廉谨守道，则上不负国，下不负所学，吾地下之目瞑矣。”这位父亲的遗言就是教导自己的儿子一旦做官，千万不能像一些贪傲败坏名节的官吏一样，被人唾弃如蛆虫。要廉洁谨慎，遵守道义，上不负国家，下不负所学。这份遗言对于卢琦来说，怎能不终生铭记，终身践行呢？

在卢庆龙的教导下，卢琦不仅学业有成、高中进士，更是一生清廉、活民无数，是名垂后世的良吏。有元一代，只有十八位官员名列《元史·良吏传》，卢琦能占其一，可知他为官一生确实都在奉行其父的教诲——“为好人，行好事”。在元至正十六年（1356年）他从永春调任宁德之时，永春的父老前往福建宣慰司都元帅府乞留，知道他不能留下，便在永春为卢琦立生祠奉祀，并请翰林林泉生撰写《永春县知县卢公去思碑》，详细记录了卢琦在永春四年的为官生涯，如何“威惠行于境外，卢永春之名满闽粤矣”。如“十三年，泉郡大饥，死者相枕藉，扶携能就食皆来永春，幼稚弃于道者，君使人以舟载之，分诸浮屠及邑大家，使给之食，所存活甚众”，以及是如何率领全城老少击退来犯的盗贼，等等。

《故前村居士卢公墓志铭并序》2017年出土于福建惠安，现存于泉州海外交通史博物馆。碑文作者为吴鉴，书丹者拜住，书篆者为赵承禧。吴鉴，元代著名的文人，前面我们已经介绍过。这篇墓志铭也体现了他和卢琦之间的交往情谊。书丹者拜住是卢琦科举同年右榜的状元。元代自元仁宗皇庆元年（1312年）开科，分两榜取士，蒙古、色目人为右榜，汉人、南人为左榜。元代先后开科十六次，共有十六位蒙古族状元，这些蒙古族状元作为元代蒙古人接受汉文化的代表，其事迹颇具研究价值，但因为种种原因，他们的传记或碑铭传世者极少，很多人的事迹都鲜为人知，甚至完全湮没无闻。这方墓志铭的出土，不仅让我们得见蒙古族状元酣畅流利的书法，更是和卢琦《寄同年状元拜住善御史》一诗相佐证，让我们得以了解拜住的生平。卢琦诗中有言：“东南赤子疮痍甚，日望分司御史来。”是说拜住在中状元后被授以御史台的某个官职，而此碑明确记录拜住的身份是“江南诸道行御史台监察御史”，这对于了解拜住乃至整个元代进士的仕宦情况都有重要意义。赵承禧，字宗吉，晋宁（今山西临汾）人。至顺元年（1330年）进士，授翰林编修，迁南台监察御史，官至河南路总管，著有《宪台通纪》等著作。至正四年（1344年）任福建闽海道肃政廉访司佥事，卢琦作有《送佥判赵宗吉诗》曰：“丰功登石碣，归道载瑶琴。惟有前溪水，分明照此心。”诗中多歌颂赞美之情，赵宗吉应该是一位德高望重的前辈。一碑二进士一状元，也反映了元代士人交往的多元文化圈。